엄마, 나도 오늘부터
주식 투자 할래요!

엄마, 나도 오늘부터 주식 투자 할래요!

초판 1쇄 발행 2021년 12월 27일
초판 2쇄 발행 2023년 11월 15일

글 이정주
그림 강은옥

펴낸곳 도서출판 개암나무(주)
펴낸이 김보경
경영관리 총괄 김수현　**경영관리** 배정은 조영재
편집 조원선 오누리 김소희　**디자인** 이은주　**마케팅** 김유정
출판등록 2006년 6월 16일 제22-2944호

주소 서울특별시 용산구 한남대로40길 19, 4층(한남동, JD빌딩) (우)04417
전화 (02)6254-0601, 6207-0603　**팩스** (02)6254-0602　**E-mail** gaeam@gaeamnamu.co.kr
개암나무 블로그 http://blog.naver.com/gaeamnamu　**개암나무 카페** http://cafe.naver.com/gaeam

ⓒ 이정주, 강은옥, 2022
이 책의 저작권은 저자에게 있습니다. 저자와 출판사의 허락 없이 내용의 일부를 인용하거나 발췌하는 것을 금합니다.

ISBN 978-89-6830-696-9 73320

품명 아동 도서　|　**제조년월** 2023년 11월 15일　|　**사용연령** 11세 이상
제조자명 개암나무(주)　|　**제조국명** 대한민국　|　**전화번호** 02-6254-0601
주소 서울특별시 용산구 한남대로40길 19, 4층(한남동, JD빌딩)

작가의 말

　마음대로 쓸 수 있는 돈이 생기면 가장 먼저 뭘 하고 싶어요? 최신형 스마트폰 사는 거요? 친구들과 놀이공원 가는 거요? 아, 게임 아이템을 사고 싶은 친구도 있겠군요! 그런 것도 좋지만 '미래를 위한 희망'을 사 보는 건 어때요? 희망을 돈으로 살 수 있냐고요? 모든 희망을 살 수는 없지만, '미래의 희망을 담은 주식'은 조금 살 수 있어요.

　그렇다면 주식은 모두에게, 언제나 희망일까요? A는 매달 자기가 다니는 회사의 주식을 샀어요. "내가 열심히 일해서 우리 회사가 더 좋아지도록 할 거야. 그럼 주식 가격도 오를 테니까"라면서요. A는 주가가 오르든, 내리든 상관없이 돈이 생길 때마다 주식을 사더라고요. 10년쯤 지났을 때 정말 그 회사는 이전보다 훨씬 좋아졌어요. 주가도 두 배쯤 올랐지요. 열심히 일한 A는 회사에서 꼭 필요한 사람이 되었고, 꾸준히 사 두었던 주식 덕분에 꽤 많은 돈을 벌었어요.

　B는 친한 친구를 통해 비밀 정보를 얻었어요. "쉿, 이건 비밀인데, C 회사에서 곧 새로운 기술이 나온대. 그럼 두 달 안에 주가가 열 배는 뛸 거래." 그 말을 들은 B는 자신이 가진 돈에 빌린 돈까지 보태 C 회사 주식을 샀어요. 그러나 예정된 시간이 지나도 C 회사의 새 기술은 나오지 않았어요. 주가는 오히려 바닥까지 떨어졌고요. 주식을 샀던 B는 투자한 돈 전부를 잃고 말았어요.

　주식을 '큰돈 버는 수단'으로만 생각하면 곤란해요. 주식은 희망을 주기도 하지만, 절망을 안겨줄 때가 사실 더 많거든요. 주식을 희망으로 만들려면 주식을 제대로 알아야 해요. 주식을 사는 것은 기업에 투자해서 그 회사가 발전하도록 돕는 거예요. 기업이 성장해야 주가가 오르고, 배당금을 줄 수 있어요. 그러니 주식을 제대로 알고, 성장 가능성이 있는 기업에 투자해야 하지요.

어린이가 그런 것까지 알아야 하냐고요? 어린이니까 더 잘 알아야 해요! 애플이 스마트폰을 개발하기까지 10년 정도 걸렸고, 테슬라도 전기 자동차로 지금의 위치에 오르기까지 10년 넘는 시간이 필요했대요. 지금 여러분은 10년 후에 크게 성장할 기업의 주식을 선택해야 해요. 그걸 어떻게 아냐고요? 주식 투자를 시작한 주인공 현승이를 통해 주식 관련 지식을 자연스럽게 얻을 수 있을 거예요. 주식 투자에 꼭 필요한 정보는 각 장의 뒤에 모아 놓았고요. 주식에 관심을 가지면 기업을 알게 되고, 경제의 흐름을 이해할 수 있어요. 요즘은 세계 경제가 하나로 묶여 있으니 환율, 연관 산업 같은 세계 경제의 움직임까지 알 수 있답니다.

모두 주식 투자를 시작하라는 말은 아니에요. 하지만 주식이 무엇인지는 꼭 알았으면 좋겠어요. 주식과 기업을 알면 평소 사용하는 물건이 다시 보일 거예요. 스마트폰을 사는 것은 소비지만, 스마트폰 회사의 주식을 사는 것은 투자라는 것도 알게 되고요. 주식의 원리를 이해하면 앞으로 경제와 관련한 선택을 할 때 큰 도움이 될 거예요. 그럼, 어린이 여러분에게 10년 후에 든든한 힘이 되어 줄 '희망'에 대해 알아볼까요?

이정주

차례

나도 주식 살 거야! 8
#매수 #매도 #액면가 #주식회사 #주식_시장 #한국_거래소
#상장 #우량주 #네덜란드_동인도_회사

주식이 오르는 이유, 내리는 까닭을 찾아라! 34
#투자_계획_세우기 #호재 #악재
#상한가 #하한가 #가격_제한_폭 #애널리스트
#금리 #주가 #기업_실적 #IR_팀

미국 주식을 우리 집 안방에서 산다고요? 58
#해외_주식_매수_매도 #미국_주식_시장 #환율
#해외_주식_매매_수수료 #가환율 #고시_환율 #기축_통화
#글로벌_경제 #중국_주식

연관 산업을 알면 주가가 보여요 88
#투자_회사_정보_찾는_법 #시가_총액
#우량주 #성장주

기업은 주식을 키우고, 주식은 희망을 키워요 110
#보통주 #우선주 #좋은_회사_찾는_방법
#주주_총회 #배당 #증권_거래세 #복리

에필로그: 나의 가치를 높이는 방법 134

나도 주식 살 거야!

주식? 그게 뭔데?

"엄마! 나도 무선 이어폰 갖고 싶어요. UTS 오빠들이 광고하는 거요. 윤국 오빠 목소리를 잘 들으려면 그 이어폰이 꼭 필요해요. 네?"

UTS는 현승이가 제일 좋아하는 아이돌이에요. 일곱 명의 멤버 중에서도 막내이자 메인 보컬인 윤국 오빠를 특히 좋아하지요.

"초등학교 4학년한테 그런 비싼 이어폰이 왜 필요해? 지금 쓰는 것도 산 지 1년밖에 안 된 건데, 또 사겠다고? 안 돼!"

현승이는 굴하지 않고 부엌으로, 세탁실로 엄마를 졸졸 따라다니며 졸랐어요. 엄마는 꿈쩍도 하지 않았어요.

"아래층 사는 하영이도 4학년인데 그 분홍색 이어폰 있다고요. 저도 사 주세요. 네?"

"그거 하영이 엄마가 사 준 거 아니야. 하영이가 스스로 번 돈으로

산 거야."

"네? 어떻게요?"

하영이가 돈을 벌어 이어폰을 샀다니, 현승이는 귀가 솔깃했어요.

"하영이는 그동안 받은 세뱃돈, 용돈을 모아서 **주식**에 투자했대. 주식이 오르면서 생긴 이익금으로 이어폰을 산 거고."

"주식이요? 그게 뭔데요?"

"주식은 회사가 만들어서 파는 증서 같은 거야. 회사는 이렇게 번 돈을 경영*하는 데 쓰지. 이런 회사를 **주식회사**라고 해. 주식회사의 주식을 가진 사람을 주식의 주인, '주주'라고 불러. 하영이는 삼신전자 주주래."

"그러니까 하영이가 삼신전자의 주인이라고요?"

"삼신전자의 주주니까 그렇게 말할 수 있지. 하영이가 삼신전자 주식을 한 주당 5만 원에 샀는데, 그 주식이 5만 5천 원으로 올랐을 때 팔아서 이익이 생긴 거야."

"정말요?"

"그래. 총 100만 원 투자해서, 10퍼센트의 수익이 생겼다고 했으니까, 10만 원쯤 벌었네. 하영이는 성공적으로 주식 투자를 한 셈이지."

"엄마! 저도 주식 투자 하고 싶어요. 삼신전자 주식 사 주세요. 그 이익금으로 이어폰 살게요. 그건 괜찮지요?"

경영 회사나 단체 등의 조직을 효과적으로 관리하고 운영하는 활동.

엄마는 잠시 생각하더니, 얼굴에 웃음을 띠며 말했어요.

"그거 좋은 생각인걸? 현승이도 그동안 모아 놓은 세뱃돈과 용돈으로 시작해 볼래?"

"네! 통장에 100만 원 조금 넘게 있어요. 그 돈으로 주식을 사면, 곧 110만 원, 120만 원이 되겠네요? 무선 이어폰이 10만 원이니까, 충분히 살 수 있어요!"

현승이는 주가(주식 가격)가 오르는 상상을 하니 기분이 좋았어요. 게다가 스마트폰도 만들고, TV도 만드는 삼신전자의 주인이 된다니! 그러고 보니 현승이가 갖고 싶어 하는 분홍색 무선 이어폰도 삼신전자 제품이에요.

"현승아, 주식 투자에는 언제나 위험이 따른다는 걸 알고 있어야 해. 회사가 경영을 잘해서 이익이 생기면 주가가 올라 주주도 이익을 얻지만, 경영을 잘 하지 못해서 주가가 내려가면 주주가 손해를 보는 거야. 투자한 100만 원보다 돈이 적어질 수도 있다는 뜻이야."

"손해를 볼 수도 있다고요? 그럼 손해를 보지 않으려면 어떻게 해야 해요?"

"주식을 사기 전에 경영을 잘할 만한 회사인지 신중하게 알아봐야겠지?"

"삼신전자가 그런 회사예요?"

"글쎄……. 그건 투자하는 현승이가 조사해 봐야 할 문제 같은데? 현승이는 삼신전자가 어떤 회사인지도 모르고 하영이가 이익을 얻었다니까 따라 사는 거야?"

"그건 아니에요! 삼신전자는 스마트폰도 만들고, TV도 만들고, 이어폰도 만들고, 또……."

현승이는 삼신전자에 대해 더 이상 아는 게 없었어요.

"그럼 현승이가 포털 사이트에서 삼신전자를 검색해 봐. 어떤 물건을 만들어, 어떻게 파는 회사인지 알아보는 거야. 어때?"

"해 볼게요!"

"좋아!"

그날 밤, 현승이는 통장에 있는 돈이 점점 불어나고, 삼신전자의 주인이 되어 근사한 건물 안으로 들어가는 상상, 분홍색 무선 이어폰을 꽂고 UTS 오빠들의 노래를 들을 생각을 하며 잠이 들었어요.

삼신전자 주식을 증권 회사에서 판다고?

"현승아, 일어나서 아침 먹어! 여름 방학이라고 자꾸 늦잠 잘 거야? 어서 일어나!"

현승이는 엄마의 소란스러운 목소리에 겨우 깨어나 제대로 떠지지 않는 눈을 비비며 식탁 앞에 앉았어요. 식탁에서는 출근 준비를 마친 아빠가 아침 식사를 하고 계셨어요.

"현승이, 주식 투자 시작한다면서?"

"네, 주식으로 돈 벌어서 무선 이어폰 살 거예요."

"그거 좋은 생각이구나! 주식을 사려면 시장에 가야 하는데, **주식 시장**이 어디 있는지는 알고 있어?"

아빠는 뭔가를 숨기듯, 빙긋 웃으면서 현승이에게 물었어요.

"시장이요? 음…… 마트 옆에 있나?"

"하하, 우리 현승이 주식 시장을 찾아 온 동네를 헤매겠는걸!"

옆에 있던 엄마는 현승이 앞에 딸기잼을 바른 빵과 우유를 내주면서 아빠에게 말했어요.

"이번 기회에 현승이 경제 공부 좀 시켜야겠어요."

"아빠가 좀 도와줄까? 주식 시장은 주식을 발행하고, 사고파는 곳이야. 우리나라에는 기업의 주식을 관리하는 **한국 거래소**라는 회사가 있어. 이곳의 허가를 받은 증권 회사에서 주식을 사고파는 일을 해."

"삼신전자 주식을 사려면 삼신전자 회사로 가는 게 아니라 증권 회사로 가는 거예요?"

"그렇지. 증권 회사에 가서 주식 계좌부터 만들어야 해. 은행 계좌에 돈을 넣고, 돈을 찾는 것처럼 주식도 계좌를 만들어야 사고팔 수 있거든. 요즘은 스마트폰 앱으로도 만들 수 있어."

아빠 이야기를 듣고 있던 엄마가 말씀하셨어요.

"안 그래도 현승이 원격 수업할 때 사용하는 태블릿 PC에 주식 앱을 설치하고 '비대면 계좌'를 개설하려고요."

"어린이는 비대면 계좌 개설이 안 될걸요? 현승이한테 주식 거래 과정을 보여 줄 겸 증권 회사에 한번 가 보는 건 어때요?"

"그럴까요? 그런데, 당신 출근 시간 다 되었는데요?"

"이런, 말이 길어졌네! 현승아, 저녁때 다시 이야기하자!"

아빠는 서둘러 가방을 챙겨 나가셨어요. 현승이도 식사를 마치고 자리에서 일어났어요.

"다 먹었으면 방으로 들어가지 말고 얼른 샤워해! 그리고 오전에 학원 숙제 다 해 놓고! 주식 시장은 오전 9시부터 오후 3시 30분까지만 여니, 오늘 안에 주식 계좌 만들고, 주식 사려면 서둘러야 해!"

엄마의 폭풍 같은 잔소리가 쏟아졌어요.

"알았어요. UTS 오빠들 동영상 하나만 보고요!"

나도 주식 계좌가 생겼어!

엄마는 컴퓨터 앞에 앉아 서류를 프린트했어요.

"기본 증명서, 가족 관계 증명서 준비했고, 내 신분증, 현승이 도장도 챙겼고……. 됐다! 현승아 나가자!"

현승이는 엄마랑 큰길 사거리에 있는 '키다리 증권 회사 푸른 마을 지점'까지 가는 시간이 즐거웠어요. 엄마와 증권 회사에 가니 어른이 된 것 같았거든요. 길거리에 늘어선 가게도, 달리는 자동차도 새롭게 보였어요.

"엄마, 저 회사의 주식도 살 수 있어요?"

"어느 회사?"

현승이는 지하철역 앞 건물 1층에 있는 '주식회사 봉봉 베이커리' 간판을 가리켰어요.

"저기 슈크림 빵이랑 초콜릿 케이크 진짜 맛있잖아요! 저 빵집 주인 아저씨 빵도 잘 만들고, 친절하니까 앞으로 장사가 더 잘될 거 같아요. 주식을 사 놓으면 분명 오를 거예요."

입맛까지 다셔 가며 빵집 아저씨를 칭찬하는 현승이를 보면서 엄마의 입가에 웃음이 번졌어요.

"주식회사라고 모두 주식을 사고팔 수 있는 것은 아니야. 주식을 사거나 팔 수 있으려면 그만한 자격을 갖추어야 해. 현승이가 사려는 주식은 거래소에 **상장**된 주식이야. 앞으로 봉봉 베이커리가 장사를 잘해서 상장되면, 그때 사자! 엄마도 저 집 단팥빵 좋아하거든."

현승이는 아쉬운 듯 빵집을 쳐다보면서 증권 회사로 들어갔어요.

증권 회사 안에는 숫자가 잔뜩 쓰인 전광판이 있었어요. 전광판은 숫자가 계속 바뀌면서 깜빡였어요. 현승이와 엄마 차례가 되어 앞쪽 창구로 갔어요. 증권 회사 직원이 활짝 웃으며 현승이와 엄마를 맞아 주었어요.

"안녕하십니까? 무엇을 도와드릴까요?"

"아이 주식 계좌를 만들려고 왔어요. 서류 여기 있습니다."

"요즘 아이에게 주식 계좌 만들어 주는 부모님이 부쩍 늘었어요. 경제 원리도 익히고, 장기적인 투자 수단으로도 너무 좋지요. 사려는 주식은 있으세요?"

직원의 물음에 엄마는 대답 대신 현승이를 쳐다보았어요.

"현승이, 사고 싶은 주식 있다고 했지?"

"네? 아…… 그…… 삼신전자요."

현승이는 부끄러워서 기어들어 가는 목소리로 대답했어요. 증권 회사 직원은 현승이를 보면서 활짝 웃었어요.

"**우량주** 위주로 투자할 계획인가 봐요. 이현승 고객님, 왜 삼신전자 주식을 사고 싶어요?"

"그냥…… 스마트폰도 만들고…… 기술 개발에 투자도 많이 한다고

해서요……."

현승이는 어제 엄마에게 미션을 받고 검색해 본 내용을 수줍게 말했어요.

"안 그래도 오늘 삼신전자가 세계 최초로 새로운 반도체 기술을 개발했다고 하고, 한빛자동차가 인도에 자동차 2만 대를 수출한다고 발표해서 두 회사 주가가 오르고 있어요. 삼신전자, 한빛자동차 모두 대표적인 우량주잖아요. 현승 어머니, 이 서류에 사인 좀 해 주세요."

엄마는 창구 옆 태블릿 PC에 보이는 서류에 사인했어요. 잠시 후 증권 회사 직원이 현승이에게 '주식 종합 계좌'라고 쓰인 서류를 건넸어요. 서류에 자기 이름이 쓰인 걸 보니 어딘지 모르게 뿌듯했어요.

'나한테 이런 근사한 주식 계좌가 생기다니! 부자가 된 느낌인걸?'

"고객님, 주식 거래를 할 수 있는 주식 종합 계좌를 개설했습니다. 이 계좌에 돈을 넣어 놓으면 그 돈으로 국내 주식은 물론이고, 해외 주식도 살 수 있어요. 주식을 판 돈도 이 계좌로 들어올 거예요."

"보통 예금* 계좌에 있는 현승이 돈을 이 주식 계좌로 옮겨야겠네요. 현승아, 그동안 모은 돈 전부를 투자하는 건데 괜찮겠어?"

엄마는 현승이에게 다시 확인하듯 물었어요.

"네!"

현승이는 얼른 주가가 올라 분홍색 무선 이어폰을 사고 싶다고 생각하면서 대답했어요.

"이제 키다리 증권 회사 앱에 공동인증서로 로그인하면 바로 거래할 수 있습니다."

"스마트폰에 앱을 다운로드하면 되지요?"

"네, 여기 안내서를 드릴 테니 참고하세요."

그때 증권사 직원은 뭔가 생각난 듯 현승이를 보면서 물었어요.

"참! 고객님, UTS 좋아해요?"

"네!"

보통 예금 필요할 때 언제든 돈을 맡기고 찾을 수 있는 저축.

너무 큰 소리로 대답하는 바람에 주변 사람들이 전부 현승이를 쳐다보았어요. 현승이는 얼굴이 빨개졌어요. 증권 회사 직원은 웃음이 터졌고요.

"UTS를 엄청 좋아하나 봐요? 지금 키다리 증권에서 어린이 고객을 위해 퀴즈 이벤트를 하고 있어요. 앱에 로그인하고 이벤트 페이지로 가서 경제 문제 세 개를 모두 맞춘 사람들 가운데 추첨해서 UTS 멤버들의 사인을 수놓은 목도리를 준대요."

증권 회사 직원이 목도리 사진을 보여 주며 말했어요. 현승이는 하얀색 목도리에 새겨진 윤국 오빠 사인이 가장 먼저 눈에 들어왔어요.

"엄마! 빨리 키다리 증권 앱 받아 주세요. 나 그 퀴즈 풀어야 해요!"

UTS 사인 목도리를 받아라!

집에 돌아온 현승이는 마음이 급했어요. 목도리를 꼭 갖고 싶었거든요. 현승이는 원격 수업을 할 때 사용하는 태블릿 PC를 가지고 와서 엄마에게 내밀었어요.

"엄마, 여기에 깔아 주세요."

"잠깐만, 엄마도 처음이라 설명서를 좀 보면서 해야 할 것 같아."

엄마가 키다리 증권 앱을 설치하고, 로그인하는 시간이 한없이 느리게 흘렀어요. 엄마는 혼잣말을 해 가며 하나씩 차근차근 진행했지요.

"음, '계좌 개설 고객입니까?' 질문에 '예'를 누르고, 이제 여기에 비밀번호를 넣고……."

옆에서 보고 있던 현승이는 가슴이 터질 것만 같았어요.

"응? 이 비밀번호가 아닌가? 왜 틀렸다고 나오지?"

"엄마, 빨리요!"

"잠깐 기다려, 엄마 헛갈리니까 말 시키지 말고."

현승이는 초조한 마음으로 엄마를 지켜볼 수밖에 없었어요.

"됐다! 현승이 이름으로 로그인까지 완료!"

"야호!"

현승이는 다 됐다는 말에 너무나 기뻐 환호성이 저절로 나왔어요. 엄마에게 태블릿 PC를 빼앗다시피 해서 가져온 현승이는 이벤트 페이지를 찾았어요.

"여기인가? 아니, 여기인가?"

현승이가 허둥대자 옆에서 보고 있던 엄마가 말했어요.

"여기 맨 위에 '초등학생을 위한 경제 상식 퀴즈' 있네. 덤벙거리지 말고! 세 문제 모두 맞힐 수 있겠어?"

"그럼요!"

"엄마는 도와주지 않을 거야. 현승이가 스스로 풀어 봐!"

엄마는 빙긋 웃으면서 안방으로 들어가셨어요.

혼자 남은 현승이는 마음을 가다듬고 "문제 풀기를 시작하시겠습니까?"라는 물음에 망설이지 않고 "예" 버튼을 눌렀어요. 바로 첫 번째 문제가 나왔어요.

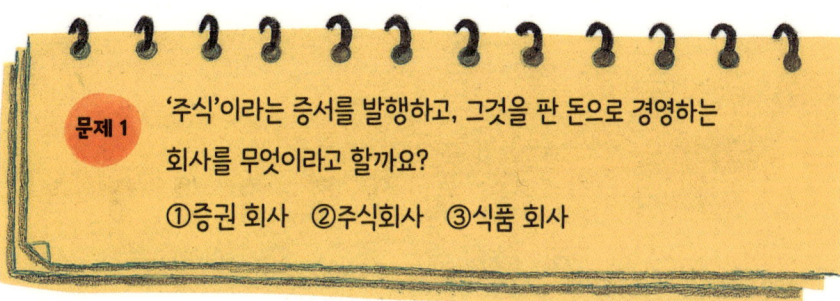

"쉽네, 뭐! 당연히 2번 주식회사지! 이 정도쯤이야 나도 알지!"

현승이는 2번을 눌렀어요. 잠시 후 "정답입니다"라는 메시지가 떴어요.

"역시!"

자신감을 얻은 현승이는 두 번째 문제를 풀기 시작했어요.

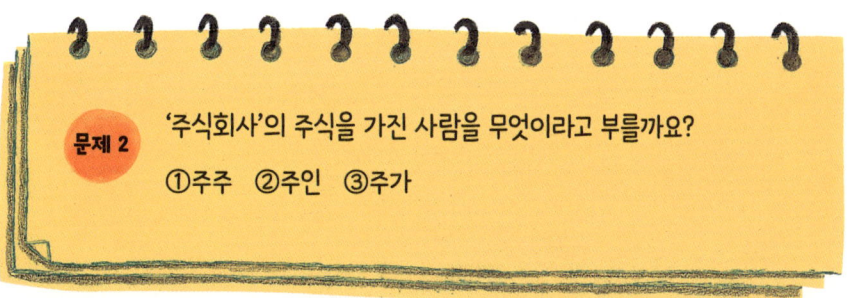

현승이는 어제 엄마가 아래층 하영이에게 '삼신전자 주주'라고 했던 말이 생각났어요.

"나한테 행운이 따르나 봐! UTS 오빠들 목도리 받을 수 있겠어!"

현승이는 1번 '주주'를 선택했어요. 두 번째 문제도 정답이었어요.

"오, 예!"

현승이는 너무 좋아서 자리에서 일어나 춤을 추며 뱅글뱅글 돌았어요. 현승이는 바로 세 번째 문제에 도전했어요.

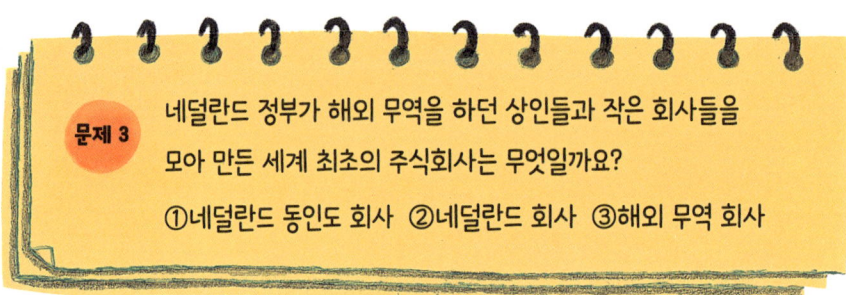

"어? 이건 뭐지? 세계 최초의 주식회사라고?"

이번에는 좀 어려웠어요. 처음 들어 보는 말이었거든요. 현승이는 태블릿 PC를 들고 안방으로 뛰어갔어요.

"엄마, 엄마, 세계 최초의 주식회사가 뭐예요?"

통화를 하던 엄마는 조용한 목소리로 말했어요.

"쉿, 엄마 지금 중요한 통화 중이야. 혼자서 해결해 봐."

"퀴즈 꼭 맞혀야 하는데……."

현승이는 다시 거실로 나와 생각에 잠겼어요.

"2번? 1번? 아니면 3번인가?"

문제당 일 분의 제한 시간이 있었기 때문에, 더 고민할 수 없었어요. 현승이는 2번을 눌렀어요. '네덜란드에서 만든 회사니까 네덜란드 회사겠지 뭐!' 하면서요.

그러자 "땡! 다음 이벤트에 다시 도전해 주세요!"라는 메시지가 나왔어요. 현승이는 울상이 되었어요. UTS 오빠들 사인이 수놓인 목도리가 멀리멀리 날아가 버렸으니까요.

잠시 후 거실로 나온 엄마가 현승이를 보고 깜짝 놀랐어요.

"현승아, 표정이 왜 그래? 무슨 일 있었어?"

"세 번째 문제에서 틀렸어요. UTS 오빠들 사인 목도리 받을 수 없게 되었다고요! 으앙."

현승이는 울음이 터졌어요. 엄마는 웃으면서 현승이를 꼭 안아 주었어요.

"그 문제를 맞힌 사람 모두에게 목도리 주는 거 아니었어. 몇 사람만 뽑아서 주는 거야. 그러니까 너무 아쉬워하지 마. 그 목도리 없으면 어때. 주식 투자 하면서 경제 공부 하자. 그럼 경제 상식도 팍팍 늘어날 거야. 더 예쁜 목도리도 살 수 있고."

"그래도…… 그건 UTS 목도리였는데……."

현승이는 손등으로 쓱쓱 눈물을 닦았어요.

주식 한 주 매수·매도하기

주식 계좌를 만들고, 증권 회사 앱을 설치하고 회원 가입까지 마쳤나요? 그럼 이제 생각해 두었던 주식 한 주를 매수해 봐요! 단, 증권 회사 앱마다 메뉴 이름이나 매수 순서 등이 다를 수 있으니 참고하세요!

① 증권 회사 앱을 열고 로그인해요.

② 주문 메뉴를 누르고 '매수' 탭을 선택한 후 돋보기 모양의 '종목 검색' 버튼을 눌러 '삼신전자'를 입력해요. 비슷한 이름의 다른 회사가 있을 수 있으니 회사 이름을 꼭 확인해요.

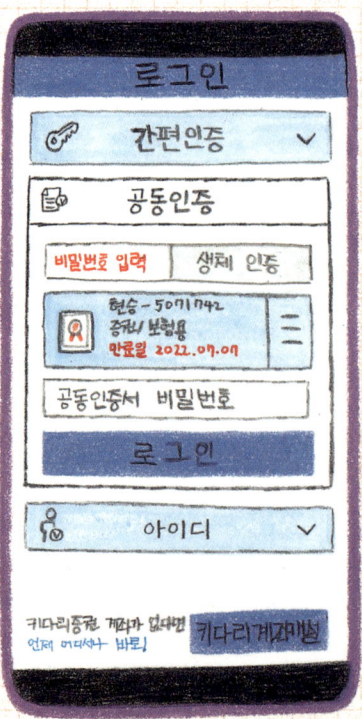

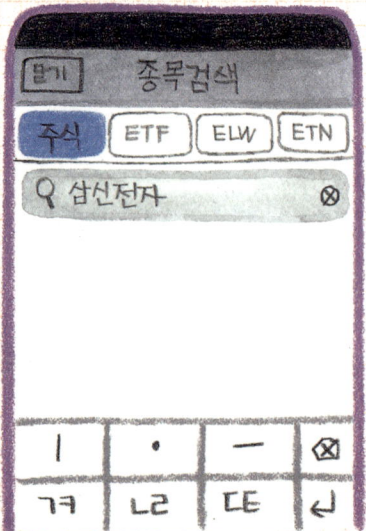

③ 호가 버튼을 눌러 삼신전자의 현재 가격을 확인해요. 'X' 버튼을 눌러 '매수' 메뉴로 돌아와요.

④ '가격' 칸에는 현재 가격을 고려해 한 주당 얼마에 살 건지, '수량' 칸에는 몇 주를 살 건지 쓰고 '현금 매수' 버튼을 눌러요.

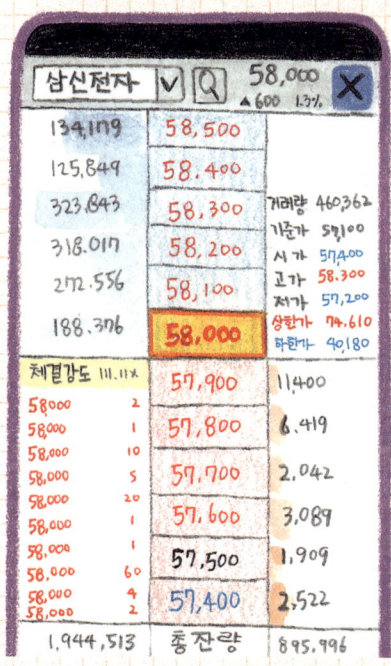

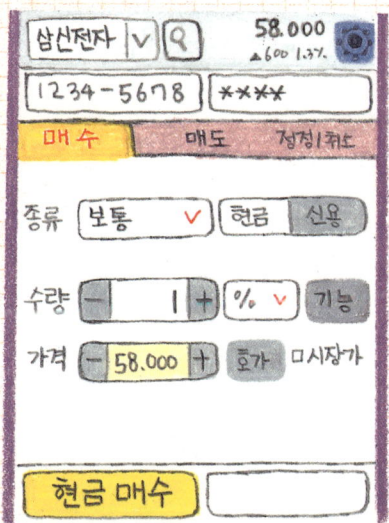

⑤ '체결' 탭에서 매수 결과를 확인해요.

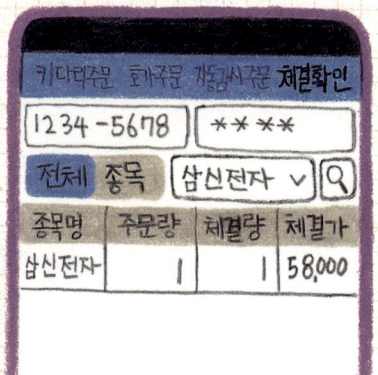

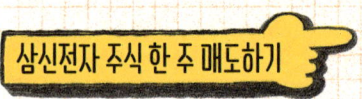 **삼신전자 주식 한 주 매도하기**

① 증권 회사 앱을 열고 로그인해요.

② 주문 메뉴를 누르고 '매도' 탭을 선택한 후 돋보기 모양의 종목 검색 버튼을 눌러 '삼신전자'를 입력해요. 비슷한 이름의 회사가 있을 수 있으니 회사 이름을 꼭 확인하세요.

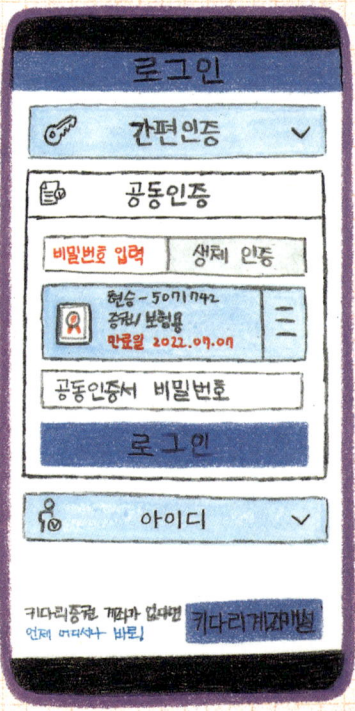

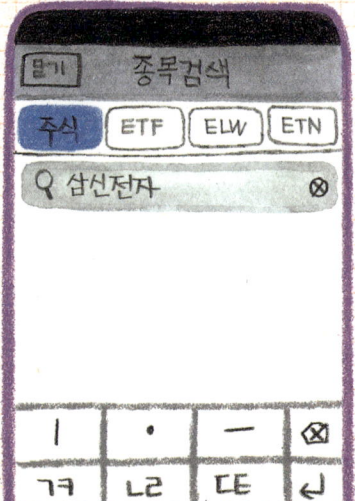

③ 호가 버튼을 눌러 삼신전자의 현재 가격을 확인해요. 'X' 버튼을 눌러 '매도' 메뉴로 돌아와요.

④ '가격' 칸에는 현재 가격을 고려해 얼마에 팔 건지, '수량' 칸에는 몇 주를 팔 건지 쓰고 현금 매도 버튼을 눌러요.

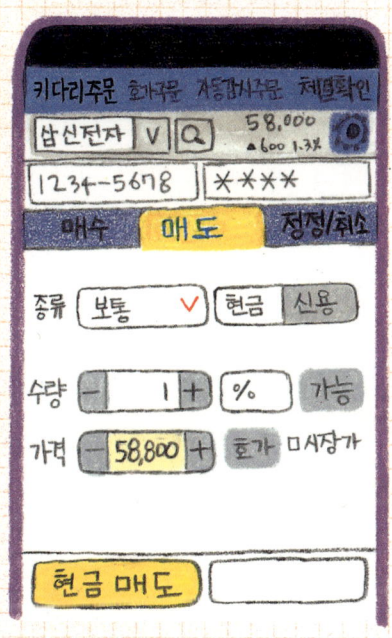

⑤ '체결' 탭에서 매도 결과를 확인해요.

주식 거래할 때 알아 두세요

매수와 매도

주식을 사는 것을 '매수'라고 해요. '물건을 산다'라는 뜻이에요. 반대로 주식을 파는 것은 '매도'라고 해요. '물건을 판다'라는 의미지요.

액면가

회사에서 주식을 발행할 때 정해 놓은 한 주당 가격으로, 주당 5천 원, 1천 원, 5백 원, 1백 원 등 다양해요. 액면가의 총액은 그 회사의 자본금•이에요. 예를 들어 A라는 사람이 자본금 1억 원을 들여 북극곰 주식회사를 만들려고 해요. 그럼 액면가 5천 원짜리 주식을 2만 주 발행할 수 있어요. 액면가 5백 원짜리 주식은 20만 주를 발행할 수 있지요. 회사의 주식 수가 많으면 그만큼 주식 거래가 활발해지는 효과가 있어요.

주식 거래가 이루어지지 않을 수도 있어요

주식을 매수 또는 매도할 때는 사려는 사람(매수자)과 팔려는 사람(매도자)이 원하는 가격이 서로 맞아야 바로 거래가 돼요. 가격이 맞지 않으면 거래가 이루어지지 않을 수도 있어요. 예를 들어 현재 삼신전자 주가가 5만 8천 원인데, 매도 가격을 5만 9천 원이라고 적었어요. 5만 9천 원으로 오를 것을 예상하고 매도 가격을 정한 것이지요. 하지만 이날 삼신전자 주가는 5만 8천5백 원까지만 올랐어요. 그러면 거래는 이루어지지 않고, 주식은 그대로 남아 있어요. 그러니 주식을 사고팔 때는 현재 가격과 등락 폭을 고려해 가격을 결정하고 체결 결과를 꼭 확인하세요.

자본금 회사를 설립하는 데 드는 초기 자금.

주식으로 배우는 경제 이야기

주식회사란 무엇일까요

　회사를 세우고 운영하려면 돈이 많이 들어요. 혼자 힘으로는 감당하기 어려울 만큼 큰돈이 필요하지요. 그래서 여러 사람에게 주식이라는 증서를 팔아 돈을 모아요. 이렇게 모은 돈으로 경영하는 회사를 '주식회사'라고 하지요.

　조금 구체적인 예를 들어 볼까요? A는 북극곰 주식회사를 설립하기로 했어요. B와 C는 북극곰 주식회사에 투자하기로 했고요. A는 5천만 원, B는 3천만 원, C는 2천만 원을 냈어요. 이 세 명은 투자한 돈만큼 북극곰 주식회사의 주식을 나누어 가져요. A, B, C는 북극곰 주식회사의 주인이자, 주주가 되는 거예요.

주식 수가 가장 많은 사람의 결정권이 제일 커요

북극곰 주식회사에서는 A의 의견이 가장 중요해요. 주식회사는 중요한 결정을 할 때 1인 1표가 아니라 주식 수에 비례해서 의사를 결정할 권리를 갖거든요. 자본금 1억 원인 북극곰 주식회사의 주식 한 주당 가격이 1천 원이라면, A는 5만 주만큼, B는 3만 주만큼, C는 2만 주만큼 의견을 낼 수 있어요. A의 결정권이 가장 큰 셈이지요.

북극곰 주식회사가 경영을 잘해서 이익이 생기면 주식 수에 비례해서 이익의 일부를 돌려받을 수 있어요. 이것을 배당금이라고 해요. 이때도 A가 가장 많은 배당금을 받아요. A가 가장 많은 돈을 투자한 주주니까요. 물론, 회사가 이익을 남기지 못하거나 손해가 생기면 배당금은 없어요.

주식 시장은 무엇일까요

한마디로 주식을 사고파는 시장이에요. 직접 주식을 사고파는 증권 회사, 통신망을 이용해 컴퓨터나 스마트폰 등의 기기로 주식을 사고파는 가상 공간 등이 모두 주식 시장이에요. 우리나라에는 세 곳의 주식 시장이 있어요. 세 시장을 좀 더 자세히 알아볼까요?

① **코스피**: '거래소 시장'이라고 불려요. 삼성전자, 현대자동차, KB국민은행, 포스코 등 주로 큰 기업들의 주식이 거래돼요.

② **코스닥**: 거래소에 상장할 규모는 아니지만, 성장 가능성이 크고, 높은 기술력을 가진 중견 기업, 벤처 기업, 중소기업 주식이 거래돼요.

③ **장외 시장:** 코스피, 코스닥에 상장하지 않은 기업들의 주식을 사고팔 수 있어요. 단, 주식을 팔 사람과 살 사람이 직접(혹은 증권 회사를 통해) 거래하는 형태예요.

우리나라 주식은 한국 거래소에서 관리해요

정부가 만든 '한국 거래소'라는 회사가 있어요. 이 회사는 기업의 주식을 관리하는 일을 해요. 주가를 알려 주고, 기업에 대한 정보도 소개하지요. 주식 거래를 할 만한 기업인지 심사하는 일도 해요. 한국 거래소는 주식을 직접 팔지는 않아요. 한국 거래소의 허가를 받은 증권 회사들이 주식을 사고파는 일을 대신해요.

주식을 거래하려면 '상장'을 거쳐야 해요

회사가 발행한 주식을 한국 거래소를 통해 일반인이 사거나 팔 수 있으려면 회사가 그만한 자격을 갖추어야 해요.

북극곰 주식회사가 사업을 너무 잘해서 매출, 이익이 크게 늘었어요. 일정 조건을 갖추었다면 북극곰 주식회사는 한국 거래소에 심사를 신청할 수 있어요. 한국 거래소는 북극곰 주식회사의 자본금, 주식 수, 매출액, 이익, 업종을 철저하게 조사한 뒤 조건에 충족하면 거래를 허용해 줘요. 이것을 '상장'이라고 해요.

상장하면 뭐가 좋냐고요? 북극곰 주식회사는 새로운 주식을 발행해 더 많은 자금을 모을 수 있어요. 사회적 평가가 높아져 돈을 빌리는 것도 유리해요. 대

신 얼마의 돈을 벌었는지, 얼마의 이익이 남았는지, 돈을 어디에 사용했는지, 회사를 운영하는 사람들은 이전에 어떤 일을 했는지 등의 정보를 투명하게 공개할 의무가 생겨요. 투자자, 주주들이 북극곰 주식회사의 경영 상태를 제대로 알고 주식 투자를 할 수 있도록 말이에요. 그래서 '상장'을 '기업 공개'라고도 해요.

튼튼하고 인기 있는 주식이 있어요

사업이 발전할 가능성이 크고, 기업 실적(매출, 이익 등)이 좋고, 배당금을 많이 주는 회사의 주식을 '우량주'라고 불러요. 이런 회사의 주식은 사려는 사람이 많아서 가격이 꾸준히 올라요. 우량주는 정확한 기준에 따라 정해지는 것은 아니에요. 경영자의 능력, 상품 개발 기술, 국제 경쟁력, 시장 상황 등을 종합해서 분류해요.

세계 최초의 주식회사는 '네덜란드 동인도 회사'예요

17세기 유럽 상인들은 인도, 중국, 동남아시아와 활발히 무역을 했어요. 그중에서도 후추는 인기 상품이었지요. 당시 후추는 인도 남서부 지역에서만 나는 특산품이었거든요. 유럽 상인들은 인도에서 후추를 가져와 비싼 값에 팔아 많은 이익을 남겼어요.

이 사실이 알려지면서 수많은 상인이 경쟁하듯 후추 무역에 뛰어들었어요. 후추를 사려는 상인이 많아지면서 생산 지역에서는 후추 가격이 올랐지요. 반면 유럽에는 너무 많은 후추가 들어와 판매 가격이 낮아졌어요. 이러다 보니 손해를 보는 상인들이 생겼어요.

네덜란드 정부는 상인들끼리 무리하게 경쟁하는 것을 막고, 안정적인 이익을 얻기 위해 무역을 담당하는 큰 회사를 만들었어요. 무역상들, 작은 회사들을 모아 세운 '네덜란드 동인도 회사'예요. 1602년에 세워진 이 회사는 세계 최초로 주식을 발행하여 투자를 받고 이익을 투자자들에게 나누어 준 '주식회사'랍니다.

주식이 오르는 이유, 내리는 까닭을 찾아라!

사람들의 기대가 주가를 올린다고?

"엄마! 택배 왔어요?"

현승이가 거실로 나오니까 강아지 달콤이가 꼬리를 흔들며 현승이를 반겼어요. 현승이는 달콤이를 본체만체하고는, 엄마가 있는 부엌으로 갔어요.

"아직 안 왔어. 벌써 몇 번째 나오는 거야? 택배 오면 알려 줄 테니까, 얼른 들어가서 수학 숙제해!"

현승이는 아침부터 택배를 기다렸어요. 오늘이 현승이 생일이라 엄마가 생일 선물로 UTS 오빠들의 화보집을 사 주셨거든요. UTS 오빠들의 신곡 발표에 맞춰 제주도에서 찍은 화보집이에요. 그 택배가 오늘 오기로 했는데, 아직 도착하지 않았어요. 현승이는 십 분마다 방에서 나와 택배가 왔는지 확인하고 있어요.

"아, 빨리 왔으면 좋겠다. 윤국 오빠는 무슨 옷을 입었을까?"

현승이는 수학 문제가 하나도 눈에 들어오지 않았어요. 몸은 방 안에 있었지만, 마음은 온통 현관 쪽에 있었어요. 그때 "떵동" 하고 벨이 울렸어요. 현승이는 후다닥 거실로 나갔어요. 이미 엄마가 택배 상자를 받고 계셨어요.

"엄마, 그거 UTS 화보집이죠?"

"그래, 드디어 온 것 같아."

"야호!"

현승이는 얼른 책상 연필꽂이에 있던 문구용 칼을 가져와 택배 상자에 붙은 테이프를 조심스럽게 잘랐어요. 혹시라도 화보집에 흠집이 생기면 안 되니까요.

"우아, UTS다!"

현승이는 가슴이 콩닥콩닥 뛰었어요. 표지 속 윤국 오빠는 노란색 스웨터를 입고 환하게 웃고 있었어요. 현승이가 화보집 뜯는 모습을 보고 있던 엄마가 말씀하셨어요.

"이것 때문에 요즘 토토엔터테인먼트 주식이 그렇게 올랐구나!"

토토엔터테인먼트는 UTS 오빠들의 소속 회사예요.

"이 화보집 때문에 주식이 올라요? 왜요?"

"기업에서 신제품이 나오면 회사 매출이 높아질 거라는 기대 때문에 주가가 올라. 이번에 토토엔터테인먼트에서 2년 만에 UTS 신곡이 나오니까 사람들의 기대 심리가 작용한 것 같아."

"그래요? UTS 오빠들이 해외 15개국에서 공연한다던데, 그것도 관련 있어요?"

"그럼. 해외 공연을 하면 그만큼 매출과 이익이 높아져서 기업 실적이 좋아지니까. 그것 때문에 어제 토토엔터테인먼트 주식이 **상한가**까지 올랐어."

"그럼 UTS 오빠들에게 좋은 일이네요? 앞으로 토토엔터테인먼트 회사의 주가가 계속 올랐으면 좋겠다!"

"주가가 오르면 기업의 가치가 높아지니까 UTS에게도 좋겠지? 하지만 신제품이 나왔다고 무조건 주가가 오르는 것은 아니야. 만약 이번 신곡이 인기를 얻지 못하면 오히려 주가가 내려갈 수도 있어. 회사 이익이 높아질 거라는 기대가 사라지니까 주식을 팔아 버리는 거지."

"그럴 리 없어요. 분명 인기 있을 거예요! 벌써 인터넷에서는 반응이 뜨겁다고요!"

현승이는 조심스럽게 화보집을 열었어요. 표지를 넘기자 UTS 멤버들이 제주도 푸른 바다 앞에서 찍은 사진이 펼쳐졌어요. 현승이는 너무 좋아서 얼굴 가득 미소가 번졌어요.

"현승이가 선택한 생일 선물인데, 마음에 들어?"

"네! 진짜 마음에 들어요."

현승이는 엄마를 보면서 환하게 웃었어요.

"자, 그럼 UTS 화보집은 잠시 내려놓고, 수학 숙제를 마저 해야겠지?"

"오늘 생일인데, 수학 숙제 내일 하면 안 돼요?"

"매일 수학 문제집 한 페이지씩 푸는 건 현승이가 스스로 한 약속이잖아. 생일이라고 예외일 수는 없지."

엄마 말이 맞았어요. 할 수 없이 현승이는 UTS 화보집을 들고 방으로 들어가려고 일어섰어요.

"화보집은 여기 놓고 숙제 끝나면 가지고 가서 봐. 그거 있으면 수학 문제는 제쳐 두고, 화보집만 들여다보고 있을걸? 방문 닫고 있어도 엄마는 현승이가 뭐 하는지 다 보여."

현승이는 속으로 뜨끔했어요. 들어가서 화보집을 먼저 볼 생각이었거든요.

"치, 엄마는 내 마음도 몰라주고……."

현승이는 화보집을 다시 탁자 위에 내려놓을 수밖에 없었어요.

"점심때 친구들하고 신나게 놀려면, 그 전에 수학 숙제 끝내세요!"

엄마는 현승이의 어깨를 잡고 현승이를 방까지 데려다주었어요. 달콤이가 꼬리를 흔들며 따라왔어요. 엄마는 현승이를 책상 의자에 앉히고는 달콤이를 안고 방문을 조용히 닫았어요.

'수학 문제집 풀고 다시 봐야지! 오빠들 노래 들으면서 보면 더 좋을 거야.'

현승이는 마음이 급해졌어요. 달콤이가 방문을 긁으며 들어오고 싶다고 낑낑댔지만 못 들은 척했어요. 그런데 얼마 후 밖에서 엄마가 달콤이를 혼내는 소리가 들렸어요.

"달콤이 너, 이게 뭐야? 누나 생일 선물을 이렇게 해 놓으면 어떡해?"

현승이는 깜짝 놀라 거실로 뛰쳐나갔어요.

"엄마, 무슨 일이에요?"

달콤이를 혼내던 엄마는 아무 말도 하지 않고, 거실 탁자 위를 슬며시 쳐다보았어요. 어머나, 이게 웬일이에요! 달콤이 녀석이 탁자 위에 있던 UTS 화보집 표지 끄트머리를 이빨로 물어뜯었지 뭐예요. 엄마는 생일 파티 음식을 만드느라 바쁘고, 현승이는 놀아 주지 않으니까, 이 녀석이 심심하다고 심술을 부렸나 봐요.

"야, 너 이거 뭐야? 난 몰라! 이 화보집이 얼마나 소중한 건데……"

현승이는 화가 머리끝까지 치솟았어요. 달콤이 이빨 자국대로 뜯겨 나간 화보집을 보니 눈물이 차올랐어요.

"달콤이 너! 앞으로 안 놀아 줄 거야. 아까 제 방으로 화보집을 가지고 들어갔으면 이런 일이 없었을 텐데, 엄마 때문이에요!"

엄마는 난처한 듯 달콤이를 쳐다보았고, 달콤이는 애처롭게 엄마를 바라보았어요.

주식이 올라도 팔지 않는다고?

"현승아, 생일 축하해!"

점심때가 되자 아래층 하영이와 앞 동에 사는 같은 반 친구 준서가 현승이네 집에 왔어요. 친구를 더 많이 초대하고 싶었지만, 여름 방학이라 제일 친한 친구들만 부른 거예요. 아니, 정확하게 말하면 하영이는 현승이가 불렀지만, 준서는

자기를 초대해 달라고 조르더니 현승이네 집에 제 발로 찾아왔어요.

"현승아, 이거 생일 선물이야."

현승이 방에 들어온 하영이가 작은 상자를 내밀었어요.

"고마워!"

현승이는 파란색 리본을 풀고 상자를 열어 보았어요. 그 안에는 UTS 캐릭터가 그려진 지갑이 들어 있었어요. 현승이는 환호성을 질렀어요.

"우아! 너무 예쁘다. UTS 지갑이라니……. 윤국 오빠 캐릭터 너무 귀

엽다. 하영아, 고마워. 안 그래도 나 지갑 필요했는데."

"진짜? 다행이다! 근데 너 지갑 없었어?"

"있었는데, 앞으로 받는 용돈 모아 놓을 지갑이 하나 더 필요했거든. 참, 너 분홍색 무선 이어폰, 주식 투자해서 번 돈으로 샀다며?"

"우리 엄마가 너희 엄마에게 이야기하셨구나!"

"응! 나도 주식 투자 시작했어. 돈 벌어서 그 이어폰 살 거야."

"이 이어폰 진짜 좋아. 가수들 목소리가 진짜 생생하게 들려! 바로 옆에서 노래해 주는 것 같다니까."

하영이는 주머니에서 이어폰을 꺼내 현승이에게 보여 주었어요. 그때 옆에 있던 준서가 얼른 이어폰을 빼앗더니 자기 것처럼 귀에 꽂고는 거울로 가서 이어폰을 살펴보았어요.

"야, 이리 줘. 네가 만지면 고장 난단 말이야!"

"너보다 나한테 잘 어울리는데?"

준서는 실실 웃으면서 너스레를 떨었어요. 그런 준서를 모른 체하며 하영이가 말했어요.

"근데 나는 이번에 삼신전자 주식 다시 샀어. 이제 그 주식 올라도 팔지 않을 거야."

현승이는 깜짝 놀랐어요. 주식이 오르면 당연히 팔아야 하는 거 아닌가 싶었지요.

"왜? 난 주식이 얼른 올라서 팔았으면 좋겠는데. 그래야 무선 이어폰도 사고, 스마트폰 케이스도 사지."

"삼신전자 스마트폰이 한빛자동차가 개발하고 있는 자율 주행 자동차 안에 그대로 들어간대. 스마트폰을 누르면 자동차가 알아서 운전해 준다나. 그래서 삼신전자가 3년 후에 돈을 엄청 많이 벌 거라고 했어. 그러면 주식이 지금보다 훨씬 많이 오른대."

"그럼 삼신전자 주식을 3년 후까지 팔지 말아야 한다는 거야?"

"팔건, 안 팔건 그건 네 선택이지. 나는 3년 후까지 가지고 있으려고. 삼신전자 주가가 아주 많이 오르면 그때 팔 거야. 그때쯤이면 중학교에 들어갈 테니 최신형 스마트폰 살 거야."

거울 앞에서 이어폰을 낀 자기 모습을 들여다보던 준서가 어느새 현승이 옆에 다가와 앉았어요.

"그거 거짓말일 수도 있어!"

"뭐라고?"

현승이와 하영이는 깜짝 놀라 준서를 쳐다보았어요.

"내가 제일 좋아하는 게임을 만든 엔유소프트에서 지난 3월에 '사막의 검은 그림자'라는 새로운 게임이 나온다고 했어. 전 세계를 휩쓸 게임이라는 소식에 이 회사 주식이 1년 사이에 두 배나 올랐고. 근데 약속했던 3월에 게임을 출시하지 못했어. 기술 개발에 실패했다나? 그것 때문에 주식이 폭락*해서 엔유소프트 주식을 샀던 사람들이 큰 손해를 봤대. 그 사람들이 요즘도 회사 게시판에 항의 글을 올린다고 하더라.

폭락 가격이나 인기 같은 것이 갑자기 크게 떨어짐.

엔유소프트가 거짓말을 했다면서 말이야."

현승이는 고개를 끄덕이면서 준서를 쳐다보았어요. 맨날 게임만 하던 준서가 이런 이야기를 하니까 조금 의젓해 보였어요. 그때 하영이가 준서 팔을 툭 쳤어요.

"야, 너는 현승이 생일 선물 없어? 설마 빈손으로 온 건 아니지?"

"나도 선물 준비했어."

준서는 주머니에서 무엇인가를 꺼냈어요. 선물 포장이 꼭 유치원 꼬마가 한 것처럼 어설퍼서 현승이는 웃음이 났어요.

"이거 네가 직접 포장한 거야?"

"응. 집에 포장지가 없어서 이면지로 쌌어. 자원 재활용, 알지? 이래 봬도 선물은 새 거야."

옆에서 보고 있던 하영이가 준서에게 핀잔을 주었어요.

"환경 보호도 좋지만, 너무 심한 거 아니야? 내 생일에는 이런 이면지에 싼 선물은 절대 안 돼! 알지?"

"이게 뭐가 어때서?"

하영이와 준서가 토닥거리는 모습을 보면서 현승이는 둘둘 말린 종이를 풀었어요. 이면지 안에는 보라색 샤프가 들어 있었어요. 현승이는 샤프 위쪽에 붙은 작은 네임 스티커를 보고 깜짝 놀랐어요.

"야! 이거 뭐야?"

준서는 아무 말도 안 하고 실실 웃기만 했어요. 네임 스티커에는 '현승♡준서'라고 쓰여 있었어요. 하영이는 "준서가 현승이에게 사랑 고백을 했다"라면서 현승이를 놀렸어요. 현승이는 얼굴이 새빨개졌고요. 준서는 아무렇지도 않다는 듯 입술을 모으고 휘파람을 불었어요.

뉴스를 보면 주가를 알 수 있다고?

현승이와 하영이, 준서는 식탁 앞에 앉았어요. 식탁에는 엄마가 아침부터 준비한 음식이 가득했지요. 닭강정, 떡꼬치, 새우튀김, 해산물 샐러드까지. 모두 현승이가 좋아하는 음식들이었어요. 달콤이가 냄새를 맡고 달려와 자꾸만 현승이 무릎 위로 올라오려고 했어요.

"비켜! 누나 밥 먹어야 해. 너는 저리 가서 닭고기 삶은 거 먹어."

사실 현승이는 달콤이한테 아직 화가 풀리지 않았어요. 엄마는 그런 현승이를 향해 미소 짓더니, 준서 앞에 놓인 컵에 오렌지주스를 따라 주었어요.

"준서야, 많이 먹어. 여기 있는 샐러드도 좀 먹고."

"네!"

대답은 그렇게 했지만, 준서는 채소에 눈길 한번 주지 않았어요. 오로지 닭강정만 먹었지요. 엄마는 하영이에게도 주스를 따라 주면서 말을 걸었어요.

"하영이는 요즘도 삼신전자 매일 검색하니? 주식 공부 열심히 한다고 엄마가 칭찬 많이 하시더라."

"네. 스마트폰으로 삼신전자 주가도 보고, 뉴스도 검색해서 읽어요.

주가가 오를 뉴스인지, 내릴 뉴스인지 엄마한테 물어보기도 하고요."

새우튀김을 먹던 현승이는 깜짝 놀라 하영이에게 물었어요.

"뉴스로 삼신전자 주가를 예측할 수 있다고?"

"좋은 뉴스가 나오면 주가가 올라가고, 나쁜 뉴스가 나오면 주가가 내려간대."

현승이 엄마는 하영이를 대견하다는 듯 쳐다보았어요.

"하영이는 주식 **고수**가 다 되었네? 주가에 좋은 영향을 미치는 것을 **호재**, 나쁜 영향을 미치는 것을 **악재**라고 해. 미국과 중국이 무역 분쟁을 벌이다가, 서로 합의했다는 뉴스가 나오면 중단했던 무역이 다시 활발해질 테니 세계 경기가 좋아지겠지? 그럼 '호재'니까 미국과 중국 관련한 주식이 올라."

"그걸 뉴스만 보고 알 수 있다고요? 나는 하나도 모르겠던데……."

"자신이 투자한 회사에 관심을 갖고 지켜봐야지, **애널리스트** 같은 전문가 의견도 들어 보고."

그때까지 대화에는 아무 관심 없고, 먹는 일에만 정신이 팔려 있던 준서가 현승이 엄마에게 말했어요.

"이 닭강정, 사 먹는 것보다 훨씬 맛있어요. 장사하셔도 되겠어요. 아줌마, 저랑 같이 닭강정 장사 하실래요?"

고수 특정 분야에서 기술이나 실력이 매우 뛰어난 사람.
무역 분쟁 수출, 수입 등 무역 문제 때문에 시끄럽고 복잡하게 다투는 것.

"그거 좋은 생각인데? 그런데 어쩌지? 얼마 전에 돼지 전염병이 유행하는 바람에 원재료인 닭고기 가격이 너무 많이 올라서 힘들겠는데?"

듣고 있던 하영이가 얼른 현승이 엄마에게 물었어요.

"돼지 전염병이 유행했는데 왜 닭고기 가격이 올라요?"

"사람들이 돼지고기 대신 닭고기를 찾기 때문이야. 닭고기가 잘 팔리니까 닭을 가공하는 회사뿐 아니라 닭 사료를 만드는 회사 주식도 많이 올랐어."

현승이 엄마가 말하는 동안에도 준서는 쉬지 않고 닭강정을 먹었어요. 엄마가 닭강정을 더 가져다주셨는데, 준서는 그것까지 다 먹을 작정이었어요. 지켜보던 하영이가 준서를 말렸어요.

"야, 너는 현승이 생일 파티에 와서 먹기만 하냐?"

"아까 현승이 아줌마가 나한테만 많이 먹으라고 하셨어."

현승이는 준서가 샤프에 붙여 놓은 네임 스티커 생각이 나서 부끄러워하며 말했어요.

"나도 우리 엄마가 만든 닭강정이 진짜 맛있어서 엄마가 장사했으면 좋겠다고 생각한 적 있어."

준서는 현승이의 말에 슬며시 웃더니 다시 정신없이 닭강정을 먹어 댔어요.

그때 엄마의 휴대 전화가 요란하게 울렸어요. 엄마는 휴대 전화를 들고 거실로 가셨어요. 잠시 후 돌아오시더니 현승이에게 휴대 전화를 내밀었어요.

"아빠가 현승이하고 통화하고 싶대."

엄마의 휴대 전화를 받은 현승이가 말했어요.

"아빠, 저예요."

"우리 현승이 친구들하고 생일 파티 잘하고 있어?"

"네. 아빠는 언제 들어오세요?"

"미안해서 어쩌지? 오늘 아빠가 조금 늦을 거 같아."

현승이는 오늘 저녁, 아빠랑 '썬스테이크 하우스'에 가기로 약속했어요. 아빠가 퇴근길에 초콜릿케이크도 사 오신다고 했고요.

"아빠 회사에서 만드는 정수기 물탱크에서 금속 가루가 발견되었다는 기사가 났어. 그래서 지금 아빠 회사 주가가 마구 떨어지고 있어서 정신이 없네."

"어? 그런 뉴스가 '악재'인 거죠?"

"그래, 맞아! 우리 현승이 제법이네? 몸에 좋지 않은 금속 가루가 물탱크에 떨어지는 게 사실이라면 고객들이 정수기를 사지 않으려고 하겠지? 그럼 주주들은 회사 실적이 나빠질 거라고 생각해 주식을 팔고. 그래서 지금 주가가 낮아지고 있는 거야."

"아……. 그래도 오늘 저녁에 스테이크 먹는 거 기대하고 있었는데."

"아빠도 무지 기대했는데 미안해. 아빠가 회사 **IR 팀**인 거 알지? 이런 일이 있을 때 아빠는 사실을 알아보고, 주주, 투자자들에게 그 내용을 알려 주어야 해. 주식 담당 기자들에게도 사실을 정확하게 말해 주어서 주식 가격이 떨어지지 않도록 널리 알려야 하고. 오늘은 현승이가

이해 좀 해 줘. 스테이크는 주말에 먹자!"

그러면서 아빠는 급히 전화를 끊었어요. 현승이는 섭섭하고 실망스러웠어요. 엄마는 벌써 알고 있었는지, 현승이 등을 어루만지며 위로해 주었어요. 하영이는 현승이 표정이 이상하다고 생각했어요.

"현승아, 왜 그래? 아빠가 뭐라고 하셨어?"

"아빠가 오늘 저녁에 늦게 오셔서 생일파티 못 한대. 생일 케이크 촛불도 안 끄고 기다렸는데……."

그때 엄마가 말씀하셨어요.

"그럼 오늘 하영이, 준서랑 저녁까지 우리 집에서 노는 건 어때? 하영아, 준서야 괜찮아? 아줌마가 엄마한테 전화해 줄게."

하영이와 준서는 무척 좋아했어요. 현승이도 그 말에 마음이 풀렸어요.

"저녁은 피자랑 파스타 어때? 생일 케이크도 친구들이랑 먹자!"

현승이와 하영이, 준서는 합창처럼 "좋아요!"라고 대답했어요.

"아줌마, 저는 닭강정 또 해 주세요!"

준서의 특별 주문에 모두 깔깔거리며 웃었어요.

투자 계획 세우기

주식 투자는 계획적으로 하는 것이 중요해요. 큰돈을 벌고 싶은 마음에 무리해서 투자하면 안 돼요. 그럼 어떻게 계획을 세워야 할까요? 현승이가 세운 1년 동안의 투자 계획을 살펴보고 여러분도 계획을 세워 보아요.

① 매달 받는 용돈

내용	금액
❶ 현승이의 1년 용돈	36만 원 (한 달 3만 원 X 12개월)
❷ 현승이가 꼭 써야 하는 금액	18만 원 (매 월 1만 5천 원 X 12개월)
주식 투자 가능 금액	❶ - ❷ = 18만 원

② 특별한 날에 받는 용돈

특별 용돈은 정확하게 예측하기 어려우니 작년을 기준으로 계획을 세워요.

내용	금액
❶ 설날 세뱃돈	11만 원
❷ 어린이날 아빠가 준 용돈	5만 원
❸ 외할머니가 준 생일 축하 용돈	10만 원
❹ 추석에 친척들에게 받은 용돈	6만 원
주식 투자 가능 금액	❶ + ❷ + ❸ + ❹ = 32만 원

③ 예외

5월 어린이날에는 용돈이 아닌 선물로 받은 적이 많았어요.

예상 예외 금액: 5만 원

④ 1년 동안 주식에 투자할 목표 금액

① + ② - ③ = 45만 원

주식 거래할 때 알아 두세요

호재

주가를 올리는 요인이 되는 좋은 조건이나 상황을 말해요. 예를 들어 정부가 "친환경 산업에 투자하겠다"라고 발표했다면, 이 소식이 호재로 작용해 태양광 에너지, 전기 자동차 같은 친환경 산업 관련 주식이 올라요.

악재

주가를 떨어뜨리는 요인이에요. 어떤 주식회사 제품에 문제가 있다는 기사가 나오면 불안한 주주들이 주식을 팔아요. 그로 인해 가격은 내려가지요. 주식을 아주 많이 가진 사람이 주식을 전부 팔겠다고 내놓는 것도 '악재'예요. 주식이 한꺼번에 너무 많이 시장에 나오니까 주가가 내려가요.

주식은 하루에 30퍼센트까지만 오를 수 있어요

북극곰 주식회사 주식은 어제 한 주당 1만 원이었어요. 다음 날 이 회사에 '호재'가 있어 주식이 쭉쭉 올랐어요. 그렇더라도 이날 북극곰 주식회사 주식은 1만 3천 원까지만 올라갈 수 있어요. 반대로 '악재'가 생겨 주가가 떨어져도 7천 원까지만 떨어지지요. 1만 3천 원까지 오른 가격을 '상한가'라고 해요. 7천 원까지 낮아진 가격을 '하한가'라고 하지요.

이처럼 우리나라는 주식이 하루 동안 최고로 올라갈 수 있는 금액, 최저로 내려갈 수 있는 금액이 정해져 있어요. 전날 마지막 가격을 기준으로 30퍼센트까지 오르고, 내릴 수 있지요. 이것을 '가격 제한 폭'이라고 해요. 이는 기업과 투자자를 보호하고, 너무 오르거나 내릴 경우 발생할 수 있는 주식 시장의 충격을 줄이기 위한 조치랍니다. 가격 제한 폭은 국가마다 비율이 달라요. 미국, 영국, 독일, 홍콩, 싱가포르 등은 가격 제한 폭이 없지요.

'애널리스트'라는 직업이 있어요

주식 시장을 종합적으로 분석해 투자자들이 투자를 결정할 수 있도록 정보를 제공하고 조언해 주는 전문가예요. '투자 분석가'라고도 하지요. 애널리스트는 "이 주식은 지금 5천 원이지만 앞으로 6천 원까지는 오를 것으로 예상한다", "이 회사는 앞으로 경영 상태가 개선될 것이니 지금 주식을 사는 것이 좋다" 등 주식을 사고팔 때 투자자들의 판단을 돕는 내용을 담은 보고서를 써요. 물론 이 의견이 늘 정확하고, 절대적인 것은 아니랍니다.

주식으로 배우는 경제 이야기

돈의 가격, 금리

만약 은행에서 1천만 원을 빌렸다면 갚을 때는 원금 1천만 원과 함께 추가로 돈을 더 내야 해요. 돈을 빌려 쓴 대가를 지불하는 거예요. 반대로 은행에 돈을 저축하면 일정 금액을 더 받아요. 이것을 '이자'라고 해요. 이때 얼마를 더 낼지 정하는 비율을 '금리'라고 해요. 다시 말해 빌려준 돈이나 저축한 예금에 붙는 이자, 또는 그 비율을 가리키지요.

금리는 경제 상황에 따라 오르기도 하고, 내리기도 해요. 한 나라의 돈을 찍어내는 은행을 '중앙은행'이라고 하는데, 우리나라의 중앙은행은 한국은행이에요. 한국은행은 매월 '금융 통화 위원회'를 열어 경제 상황을 검토한 뒤 금리를 정해요. 이것을 '기준 금리'라고 해요. 금융 통화 위원회는 물가나 경기의 흐름을 보고 신중하게 기준 금리를 조정해요. 기준 금리가 너무 자주 바뀌면 경제가 혼란스러워지기 때문이에요.

기준 금리를 정할 때는 시중에 있는 돈의 양도 살펴요. 예를 들어 시중에 돈이 너무 많으면 집값이 오르고, 주가도 올라요. 물건값도 비싸져요. 돈이 많으니까 무언가를 사려는 사람이 늘어나기 때문이지요. 이런 경우 한국은행은 기준 금리를 올려요. 돈을 빌린 사람들에게 이자를 많이 받아서 넘쳐 나는 돈을 은행으로 거두어들이는 거예요. 반대로 경기가 어렵고, 시중에 돈이 돌지 않으면 기준 금리를 내려요. 돈을 빌린 사람들에게 이자를 적게 받아서 시장에 돈이 늘어나도록 하는 거예요. 이렇게 하면 이자가 저렴하니 돈을 빌려 투자하는 기업이 생기고, 개인 소비도 늘어나 경제가 되살아나는 효과가 있어요.

금리가 낮아지면 주가는 올라요

1월에 1천만 원을 한 달 동안 빌릴 때 이자가 5퍼센트였어요. 그럼 갚을 때는 1천만 원의 5퍼센트인 50만 원을 이자로 더 내야 해요. 2월에는 금리가 3퍼센트로 내렸어요. 2월에 돈을 빌린 사람은 1천30만 원만 갚으면 돼요. 이렇게 금리가 낮아지면 내야 하는 이자도 줄어드니 돈을 빌리는 사람이 늘어나요. 낮은 금리로 돈을 빌려 투자를 하거나, 사업을 하려는 것이지요. 이 돈의 일부는 주식 시장으로 흘러가요. 돈을 가진 사람들이 주식에 투자하기 때문이에요. 주식을 사는 사람들이 늘어나니 가격이 오르지요. 그래서 금리가 내려가면 주가가 오를 거라고 예측해요.

구리값이 오르면 주가가 올라요

몇 년 전 미국과 중국 사이에 무역 분쟁이 일어났어요. 서로 간의 무역을 제한하자 구리값은 꾸준히 내렸고, 금값은 계속 올랐어요. 왜 그랬을까요?

　구리는 가전제품이나 자동차, 건설, 전선 등 제조업 전반에 쓰이는 재료에요. 구리 생산량이 많다는 것은 그만큼 제조업이 활발하다는 뜻이에요. 제조 산업이 활발하다는 것은 경제가 좋아진다는 뜻고요. 즉, 경기가 좋으면 구리는 쓰임새가 늘어 값이 올라요.

　반대로 시장이 불안하면 금값이 올라요. 만약 어느 나라가 망해서 그 나라의 화폐 가치가 0이 된다면, 그 화폐로는 어떤 물건도 살 수 없어요. 그러나 금으로는 전 세계 어디에서나 물건을 살 수 있어요. 돈으로 바꿀 수도 있고요. 금은 희소성˙ 때문에 가장 믿을 수 있고, 변치 않는 가치를 지닌 자산으로 불

희소성 원하는 사람에 비해 물건이 부족한 상태.

려요. 그래서 경제가 불안정할 때는 가치가 떨어질 가능성이 있는 화폐보다 안전한 금을 가지고 있으려고 해요. 금을 사려는 사람이 많아지니까 금 가격은 오르지요.

경제가 좋아질 거라는 예상이 들면 구리값은 오르고, 금값은 떨어져요. 반대로 경제가 나빠진다고 예상되면 금값은 오르고, 구리값은 내리지요. 주식은 경제가 좋아야 가격이 오른다고 했지요? 그러니까 일반적으로 '구리값이 오른다 → 경기가 좋아진다 → 주가가 오른다'라고 예측할 수 있어요.

기업 실적을 보면 주가를 알 수 있어요

어떤 기업이 제품을 얼마만큼 팔았는지를 나타내는 수치를 '매출액'이라고 해요. 매출액에서 제품을 만드는 데 들어간 원료비, 일한 사람들에게 지급하는 인건비, 제품을 만들어 판매하기까지 들어가는 창고비, 운송비 등의 일반관리비를 뺀 금액을 '영업 이익'이라고 해요. 주식회사는 이 수치를 1년에 한 번(1년을 3개월 단위로 네 번 나눈 '분기 실적'도 발표해요.) 주주들에게 정식으로 공개해요. 이것을 '기업 실적 발표'라고 해요.

기업 실적은 아주 중요한 정보예요. 기업 실적 발표 전후로 주가가 크게 움직이는 것도 그 때문이지요. 기업이 사업을 잘해서 돈을 많이 벌었다고 실적을 발표하면 그 회사의 미래도 긍정적이라고 판단해 주식을 사려는 사람이 많아져요. 그럼 주식 가격이 오르지요. 기업 실적이 나쁘면 그 회사는 미래가 밝지 않다고 생각해 주식을 팔려는 사람이 많아져요. 당연히 주가는 하락해요. 이처럼 기업 실적은 그 회사의 상황을 판단하는 가장 중요한 기준이에요.

그럼 실적이 좋은 기업의 정보를 먼저 알아내서 미리 주식을 사 놓으면 어떨까요? 발표 후에 주가가 오를 테니, 큰돈을 벌 수 있지 않을까요? 이건 생각할 필요도 없어요. 불법이거든요. 기업 실적같이 중요한 정보는 '공시'라는 제도를 통해 누구나 똑같이 알 수 있도록 하고 있어요.

기업은 주가를 높이기 위한 활동을 해요

현승이 아빠가 회사 IR 팀에서 일한다고 했지요? IR(Investor relations)은 '기업 설명 활동'을 말해요. 기업은 투자자, 주주를 대상으로 자신의 기업에 대해 설명하는 활동을 해요. 왜 이런 활동을 하냐고요? 주식 시장에서 정당한 평가를 받아 주가를 높이기 위한 노력이지요. 주가가 높아지면 기업의 가치가 올라, 돈을 빌리거나 새로운 사업을 할 때 훨씬 유리하거든요.

미국 주식을 우리 집 안방에서 산다고요?

해외 주식 계좌를 만들자!

UTS 팬 카페에서 흐뭇한 마음으로 기사와 댓글을 읽던 현승이는 깜짝 놀랐어요.

'UTS 때문에 넷월드 주식이 오른다고? 그보다 넷월드가 미국 회사였다고?'

현승이는 당장 엄마가 있는 거실로 뛰쳐나갔어요. 엄마는 마침 소파에 앉아 넷월드에 올라온 미국 드라마를 보고 있었어요.

"엄마, 엄마! 큰일 났어요."

"큰일? 뭔데?"

"UTS 오빠들이 넷월드랑 단독 계약을 했대요."

"엄마도 그 소식 들었어. 그게 왜?"

"UTS 오빠들 때문에 넷월드 회원이 늘어서 기업 실적이 더 좋아질

UTS 윤국 사랑 팬 카페

까페 채팅

[검색]

- 전체글보기 19,003
- 공지사항
- 인기글
- 가입인사
- 이벤트
- 음원,투표 알림방
- 1일 1스밍 인증방
- 출첵방
- 100문 100답
- 윤국 오행시

News
- 공홈 정보방
- 스케줄 & 행사 일정
- UTS SNS 알림방
- 뉴스 & 기사
- 본방사수

UTS, 미국 넷월드와 계약

세계적인 아이돌 그룹 UTS가 미국의 동영상 스트리밍 서비스 기업 넷월드와 계약을 맺었다. 넷월드는 지난 9월 15일 "2030년까지 UTS의 해외 공연을 독점 생중계하며, UTS 관련 다큐멘터리 열 편을 제작한다"라고 발표했다. 넷월드 측은 이번 계약으로 "현재보다 유료 회원 수와 매출이 30퍼센트 정도 늘어날 것"이라고 예상했다. 넷월드는 미국에 본사를 둔 기업으로, 동영상 스트리밍 서비스 세계 1위 기업이다.

♡ 좋아요 1723 💬 댓글 5

댓글 등록순 최신순

- 윤국쪼아: 오빠들 대박! 또 해냈하셨군요.
- UTS없이못살아정말못살아: 해외 공연 보고 싶었는데, 이제 실시간으로 볼 수 있겠네요. 당장 넷월드 가입하겠습니다.
- 푸른하늘: 결국 미국 넷월드 주식 가격이 더 오른다는 소리네.

거래요. 주식도 오르고요. 그러니까 넷월드 주식 사 놓아야 해요."

엄마는 그제야 알아들었다는 듯 고개를 끄덕였어요.

"근데 현승이는 넷월드가 어느 나라에 있는 회사인지는 알아?"

"그럼요! 미국에 있는 회사잖아요."

"잘 아는구나! 그래서 넷월드는 **미국 주식 시장**에 상장되어 있어. 미국 주식 시장에는 넷월드 외에도 세계 1위 기업들이 많아. 미국 주식 시장은 세계 주식 시장의 40퍼센트 이상을 차지할 정도로 규모가 크거든."

"미국 주식 시장이 그렇게 커요?"

"그렇다니까. 미국 기업은 물론이고, 전 세계 기업들이 미국 주식 시장에 상장하고 싶어 해. 미국에서 상장하면 전 세계 자본을 모을 수 있거든."

"그럼 더더욱 넷월드 주식을 사 놓아야겠어요."

"해외 주식을 사려면 우리나라 돈을 미국 달러로 환전해야 해. 그래도 해 볼래?"

"지난번 제 생일에 외할머니가 주신 용돈 10만 원이랑, 이번 달 용돈 3만 원을 합치면 13만 원이니까 그 돈으로 넷월드 주식 사고 싶어요."

엄마는 현승이 말을 듣더니 넷월드의 주가를 검색해 보았어요.

"어제 한 주당 가격이 102달러니까 오늘 환율인 1,100원으로 계산하면 11만 2천2백 원이네. 현승이가 가진 돈으로 한 주는 살 수 있겠다! 그런데 넷월드 주식 사서 수익이 나면 뭐 하려고? 무선 이어폰 사는 데

보낼 거야?"

"아니에요. 넷월드 주식은 UTS 오빠들이 활동하는 동안은 가지고 있을래요. 2030년까지 넷월드 주식은 계속 오를 게 분명해요. UTS 오빠들이 있으니까."

엄마는 현승이가 대견했어요. 돈이 생기면 과자, 초콜릿, 문구류만 사던 현승이가 10년 후를 내다보고 해외 주식을 사겠다고 하니까요. 엄마는 현승이의 엉덩이를 톡톡 두드려 주면서 사랑스러운 눈길을 보냈어요.

"사실 엄마도 해외 주식은 사 본 적이 없는데, 우리 같이 시작해 볼까? 현승아, 태블릿 PC 가져와."

"네!"

현승이는 얼른 방에서 태블릿 PC를 들고 왔어요. 엄마는 그사이 스마트폰으로 해외 주식 계좌 개설하는 방법을 찾아보셨어요.

"다행히 지난번에 종합 주식 계좌를 만들어서 따로 계좌를 개설할 필요는 없네. 우선 거래하는 증권 회사가 해외 주식 거래를 할 수 있는 곳인지 확인하라고? 키다리 증권은 해외 주식 거래가 가능한 회사니까, 오케이! 그다음은 국내 주식 계좌가 있어야 하네. 이것도 됐고."

현승이는 마음이 급했어요. 당장이라도 넷월드 주식이 마구 올라 자기가 가진 돈으로는 살 수 없게 될 것 같았지요.

"엄마, 그다음에는요? 좀 더 서둘러 주세요."

"알았어, 알았어! 자 다음은 해외 주식 거래 앱을 설치해야 하네. 앱 마켓에 가서 설치 누르고……. 자, 됐다! 이제 로그인하면 되겠다. 현승아, 지난번에 키다리 증권에서 만든 인증서 비밀번호 알지? 로그인 해 봐."

현승이는 엄마가 시키는 대로 키다리 증권 해외 주식 거래 앱에 로그인했어요.

"엄마, 그다음은요?"

"아래쪽에서 주문 메뉴를 찾아봐."

"여기 있어요!"

현승이는 금세 찾아냈어요. 일이 술술 풀리는 느낌이 들자 신이 났지요. 그다음부터는 엄마랑 화면을 보면서 같이 진행하기로 했어요.

넷월드 주식이 손에 들어온다고 생각하니 어쩐지 UTS 오빠들과 한층 가까워진 느낌이 들었어요.

미국 주식을 사려면, 먼저 달러를 사야 한다고?

"엄마, 빨리요! 이제 미국 넷월드 주식을 사요. 시간 지나면 더 오를 거예요."

"잠깐만, 지금 몇 시지?"

"오후 8시 30분이요. 갑자기 시간은 왜요?"

"그럼 밤 11시 30분까지 기다리자. 미국 주식 시장은 오전 9시 30분부터 오후 4시까지 개장하거든. 우리나라 시간으로는 밤 11시 30분부터 다음 날 새벽 6시 사이야. 예약해서 사는 방법도 있기는 한데, 우리는 처음이니까 주식 개장 시간에 넷월드 주가를 보면서 사는 게 좋을 것 같아."

그때 아빠가 현관문을 열고 들어오셨어요. 손에 종이봉투를 들고서요. 달콤이는 무슨 냄새를 맡았는지 아빠가 든 종이봉투에 코를 들이대고 킁킁거렸어요.

"아빠!"

"우리 현승이, 오늘 하루 잘 보냈어? 근데 뭘 하고 있었나 보네?"

아빠는 현승이와 엄마를 번갈아 보면서 물었어요.

"현승이가 미국 넷월드 주식을 사겠다고 해서요. 개장 시간까지 기다리려고요."

현승이 대신 엄마가 대답했어요.

"미국? 밤 11시 30분부터잖아? 달러 환전은 했고? 해외 주식을 사려면 그 나라 돈으로 환전을 해야 해. 요즘은 원화를 입금하면 자동으로 환전해서 살 수도 있긴 하지만. 일단 주식 계좌에 입금부터 해. 오늘 1달러 환율이 얼마더라? 좀 오르는 것 같았는데……."

아빠는 스마트폰을 열어 달러 환율을 확인하셨어요.

"오늘 1달러 가격이 1,100원이네. 넷월드 주식을 몇 주나 사려고?"

"한 주요. 넷월드 주식이 어제 한 주당 102달러였대요. 제가 가진 돈이 13만 원이거든요."

"하하하, 그래, 한 주부터 시작하는 것도 좋지! 아빠가 햄버거 사 왔는데, 같이 먹으면서 기다릴까?"

 엄마는 아빠를 살짝 핀잔주는 듯한 표정을 지으며 종이봉투를 가로챘어요.
 "당신도 참, 현승이 저녁 잘 먹었는데, 뭘 또 먹으라고 해요."
 현승이가 재빠르게 엄마의 말을 가로막았어요.
 "아빠, 저 햄버거 먹고 싶어요!"
 "거봐요. 애가 먹고 싶다잖아요. 당신 좋아하는 치즈스틱도 사 왔으니까, 우리는 맥주나 한잔합시다."
 아빠 덕분에 갑자기 야식 파티가 벌어졌어요. 살찐다고 핀잔을 주던 엄마는 누구보다 신나게 맥주와 치즈스틱을 드셨어요. 달콤이에게는 육포 한 조각을 주었지요. 아빠가 현승이를 위해 골라 온 햄버거는 킹스버거에서 새로 나온 '골드버거'였어요. 두툼한 소고기 패티에 매콤한 소스가 어우러진 햄버거예요.

"아빠, 이 골드버거 너무 맛있어요. 앞으로 엄청 잘 팔릴 것 같아요."

"그래? 우리 킹스버거 주식도 살까?"

"킹스버거 주식도 살 수 있어요? 그러고 보니 킹스버거도 미국 회사네요?"

"맞아, 킹스버거는 미국 주식 시장에 상장된 세계 1위 햄버거 체인점이지."

"넷월드 다음으로는 킹스버거 주식을 사야겠어요. 골드버거가 잘 팔려 회사 실적이 좋아질 거 같아요."

"그거 좋은 생각이야! 주식 투자를 할 때는 현승이가 잘 알고 있는 기업을 선택하는 것이 좋아. 그래야 그 회사의 가치를 제대로 평가할 수 있거든. 스타벅스, 코카콜라, 나이키, 애플, 페이스북, 모두 현승이가 자주 이용하는 기업이니까 미국 주식 시장에 상장되었어도 주가가 오르면 왜 오르는지, 떨어지면 왜 떨어지는지 이해할 수 있을 거야."

현승이와 아빠가 대화하는 사이, 엄마는 현승이의 은행 계좌에 있던 13만 원을 주식 계좌로 이체®했어요. 아빠는 현승이의 태블릿 PC에서 키다리 증권 앱을 열고 달러로 환전을 했지요.

"지금은 우리나라 은행 영업시간이 아니라 **가환율**로 환전될 거야.

이체 계좌에 들어 있는 돈을 다른 계좌로 옮김.

환율을 원래보다 조금 높게 적용하는 거지. 그렇다고 걱정할 필요 없어. 내일 **고시 환율**이 나오면 나머지 금액을 현승이 주식 계좌로 입금해 주니까."

아빠는 환전한 돈을 현승이에게 보여 주었어요. 화면에 달러 잔액이 '118달러'라고 나왔어요. 환전되지 못한 자투리 원화가 남아 있는 것도 보였어요.

"앞으로 미국 주식에 계속 투자하려면 원화를 꾸준히 달러로 바꿔 놓는 것도 좋아. 미국 달러화는 세계의 **기축 통화**라서 값어치가 사라지지 않거든. 자, 이제 준비는 끝났으니 미국 주식 시장이 개장하면 바로 넷월드 주식을 사자!"

야식 파티가 끝나고 정리를 하니 밤 10시였어요. 현승이에게 태블릿 PC를 건네고 TV를 보던 아빠는 어느덧 소파에서 잠이 들었어요. 맥주까지 마신 아빠는 코를 드르릉드르릉 골면서 깊은 잠에 빠졌어요. 그런 아빠를 보니 현승이도 슬슬 졸음이 몰려왔어요. 평소 같으면 12시까지 끄떡없이 버텼을 텐데, 오늘은 자꾸만 졸렸어요. 저녁 식사 후, 햄버거까지 먹었더니 배가 너무 불러서 그런 것 같아요. 넷월드에서 드라마를 보던 엄마가 꾸벅꾸벅 졸고 있는 현승이를 흔들어 깨웠어요.

"현승아, 자면 안 돼! 넷월드 주식 사야지!"

"아, 너무 졸리다. 주식 내일 살까?"

그러다 정신을 차린 현승이는 벌떡 일어나서 욕실로 가 찬물로 세수를 했어요. 정신이 번쩍 들도록 말이에요.

"윤국 오빠가 그랬어요. 너무 힘들 때는 팬들을 생각하며 견딘다고. 나도 윤국 오빠를 생각하면서 견뎌야겠어요."

현승이의 갑작스러운 행동에 엄마는 터져 나오는 웃음을 꾹 참으며 말씀하셨어요.

"이제 시간 됐다. 키다리 증권 해외 주식 거래 앱 열고 로그인해. 했어? 그럼 아래쪽에 주문 탭이 있지? 그거 눌러."

엄마는 화면을 보면서 현승이가 직접 해 보도록 했어요. 현승이가 집중하고 있는데 아빠의 코 고는 소리가 너무 크게 들렸어요.

"엄마, 여기 돋보기 표시 누르고 '넷월드' 검색하면 되지요? 나왔다! 지금 가격이 103달러예요."

현승이는 자랑스럽게 엄마를 쳐다보며 말했어요.

"현승이는 경험 삼아 적은 수량을 구입하니 현재 가격대로 하자. 이 칸에 사려는 수량을 써. 현승이는 한 주를 살 거니까 1이라고 쓰면 돼. 그리고 아래쪽에 현금 '매수' 버튼을 눌러."

"우아, 다 됐나 봐요. 그죠?"

현승이는 미국 주식을 너무 쉽게 살 수 있어 놀랐어요. 한편으로는 UTS 오빠들의 미국 활동에 함께하는 것 같아 가슴이 벅차올랐지요.

"현승아, 체결됐는지 확인해 보자!"

현승이는 '잔고' 탭을 눌렀어요. '넷월드 1주. 매수 금액 USD 103'이라고 쓰여 있었어요. 해외 주식 한 주 사기, 성공이에요!

그런데 이상했어요. 아까 환전하고 주식 계좌에 있던 달러는 분명

118달러였는데, 현재 남은 금액이 5달러였어요.

"엄마, 이상해요. 넷월드 주식을 103달러에 샀는데, 왜 5달러밖에 없어요? 10달러가 남아야 하잖아요."

"그러게, 이상하다. 10달러가 어디로 간 거지?"

엄마와 현승이는 사라진 10달러를 찾으려고 머리를 맞댔어요. '잔고'를 새로 고침 해 보았지만, 여전히 숫자는 '5'였어요.

그때 코를 골며 자던 아빠가 부스스 일어났어요. 현승이와 엄마가 말하는 소리를 들었나 봐요. 아빠는 잠이 덜 깬 목소리로 말씀하셨어요.

"그, 그거 말이야. **해외 주식 매매 수수료**야. 해외 주식은 거래 금액에 따라 수수료가 달라. 키다리 증권은 최하 수수료가 10달러야."

그러고는 다시 코를 골면서 잠이 들었어요.

"뭐라고요? 103달러짜리 주식 한 주를 샀는데, 수수료를 10달러나 낸다고요?"

현승이는 엄마를 쳐다보았어요.

"진짜 비싸네! 엄마도 해외 주식은 처음 사 보는 거라 몰랐어……"

아빠 배 위에서 잠을 자던 달콤이가 깜짝 놀라 벌떡 일어났다가 다시 아빠 배에 얼굴을 묻고 쌔근쌔근 잠이 들었어요.

미국 주가가 오르면, 한국 주가도 오른다고?

다음 날 아침, 현승이는 어젯밤 해외 주식을 사느라 늦게 잔 탓에 겨우 지각하지 않고 학교에 도착했어요. 아침 독서 시간에도 꾸벅꾸벅 졸았지요. 그래도 다행이에요. 오늘은 수요일이라 2교시가 끝나면 '놀이 시간'이 있거든요. 현승이네 학교는 수요일마다 30분씩 놀이 시간이 있어 마음껏 놀 수 있어요. 놀이 시간이 되자 현승이는 자려고 책상에 엎드렸어요. 그때 하영이가 다가와 현승이를 깨웠어요.

"현승아, 운동장 나가서 줄넘기 연습하자. 내일 줄넘기 수행 평가 있잖아. 쌩쌩이 2개 포함해서, 50개 이상이어야 합격이야. 너 쌩쌩이 하나도 못 하잖아."

"아, 맞다! 나 쌩쌩이는 연습해야 하는데……"

현승이는 잠을 포기하고 하영이랑 운동장에 나갔어요. 운동장에는 축구하는 아이들, 농구하는 아이들, 철봉 하는 아이들이 뒤섞여 있었어요. 현승이가 줄넘기 연습을 막 시작했을 때 준서가 다가왔어요. 준서는 현승이와 하영이가 줄넘기 연습을 하는 옆쪽 계단에 앉았어요.

"얘들아 안녕!"

그러면서 말도 없이 현승이가 마시려고 가지고 나온 물을 벌컥벌컥 마셨어요.

"야! 그거 내 물인데, 허락도 없이 그렇게 다 마셔 버리냐?"

현승이는 준서에게 눈을 흘겼어요. 하지만 준서는 실실 웃었어요.

"현승이 너, 나한테 잘해 줘야 해. 앞으로 나 볼 날 얼마 남지 않았으니까."

"그게 무슨 소리야? 너 어디가?"

준서는 아무 말 없이 물만 마셨어요. 현승이와 하영이는 줄넘기 연습을 멈추고 준서 옆에 앉았어요.

"나 다음 달에 전학 가. 아주 멀리."

"전학? 어디로?"

현승이는 깜짝 놀라 물었어요.

"아빠가 미국으로 발령 났거든. 우리 아빠가 자동차 회사 다니는 거 알지? 미국에 자동차를 더 많이 수출하려고 우리 아빠를 보내는 거래. 우리나라는 수출로 돈을 버는 나라여서 해외 시장이 중요하다나? 참, 너희 그거 알아? 미국 경제가 좋으면 우리나라 경제도 좋아지고, 미국 경제가 나쁘면 우리나라 경제도 나빠진대."

그때 하영이가 끼어들었어요.

"맞아. 미국 주가가 오르면 한국도 따라 오르고, 미국 주가가 내리면 한국도 따라 내린대. 그럴 때 보면 미국과 한국이 한 몸 같아."

준서는 하영이에게 고개를 돌리며 말했어요.

"한 몸이라고? 한 몸인데 다른 말 쓰냐? 미국은 영어 쓰고, 한국은 한국말 쓰잖아. 나 영어도 잘 못 하는데……."

현승이는 벌써 섭섭한 마음이 들었어요. 지난번 생일 파티 이후 준서와 무척 친해졌다고 생각했거든요. 걱정하는 준서에게 위로의 말을 건네고 싶었어요.

"영어는 미국 가서 배우면 되지 뭐! 우리 사촌 언니도 초등학교 때 미국 갔는데 1년 지나니까 한국어보다 영어가 더 편하다고 했어."

"그래도 나는 한국이 더 좋은데……. 게임도 마음대로 할 수 있고."

"게임은 미국에서도 얼마든지 할 수 있는데 뭘. 그럼 너 앞으로 미국에서 계속 사는 거야?"

"우선 3년 정도 살 건데, 엄마는 중학교 때 돌아오면 공부 따라가기 힘들다면서 계속 미국에 살자고 하셔."

준서는 평소답지 않게 힘이 없어 보였어요. 현승이는 준서에게 힘을 주고 싶었어요. 그래서 일부러 밝은 목소리로 미국의 좋은 점을 말했어요.

"미국 가면 진짜 좋겠다! 디즈니랜드 있잖아. 나 거기 가는 게 소원인데."

"야, 그건 미국 서부 캘리포니아에 있는 거고, 우리가 가는 곳은 미국 동부 뉴욕이야. 디즈니랜드 가려면 비행기로 4시간이나 걸려."

옆에 있던 하영이도 준서의 기분을 풀어 주려고 애썼어요.

"너 그거 알아? 미국 돈만 있으면 세계 어느 나라에 가도 물건을 살 수 있대. 세계 무역을 할 때 쓰이는 돈이 미국 돈이라서. 그러니까 미국 돈이 세계의 중심이야. 진짜 좋겠지?"

친구들의 위로에도 준서는 기분이 나아지지 않았어요.

때마침 놀이 시간이 끝났음을 알리는 종이 울렸어요. 아이들은 노는

것을 멈추고 교실로 향했어요. 현승이는 계단에 올려놓았던 줄넘기를 챙겼어요. 준서도 엉덩이의 흙을 털며 일어났어요. 그때 현승이가 준서에게 말했어요.

"준서야, 이번 주 토요일에 우리 집에 놀러 올래? 우리 엄마한테 닭강정 해 달라고 할게. 하영이 너도 올 수 있어?"

닭강정 이야기를 들은 준서의 표정이 갑자기 아침 햇살처럼 환해졌어요. 조금 전 미국 가는 걸 고민하던 아이 같지 않았어요.

"닭강정? 정말? 야호, 신난다! 너희 엄마한테 많이, 아주 많이 해 달라고 해."

준서는 경중경중 뛰기 시작했어요. 한참 멀리 뛰어가다가 멈추고는, 뒤따라가던 현승이와 하영이를 돌아보며 환하게 웃었어요.

해외 주식 한 주 매수·매도하기

해외 주식을 사고팔려면 주식 계좌가 필요해요. 어린이는 비대면 계좌*를 개설할 수 없으니 증권 회사에 방문해서 해외 주식도 거래할 수 있는 종합 주식 계좌를 신청해야 하지요.

현승이가 거래하는 키다리 증권은 해외 주식 앱이 따로 있어요. 하나의 주식 앱에서 국내 주식과 해외 주식을 모두 거래할 수 있는 증권 회사도 있지요. 이처럼 증권 회사에 따라서 거래 방법이 다르니 자신이 이용하는 회사의 거래 방식을 미리 확인하세요.

해외 주식 한 주 매수하기

① 증권 회사 앱에 로그인해요.

② '주문' 탭을 눌러요.

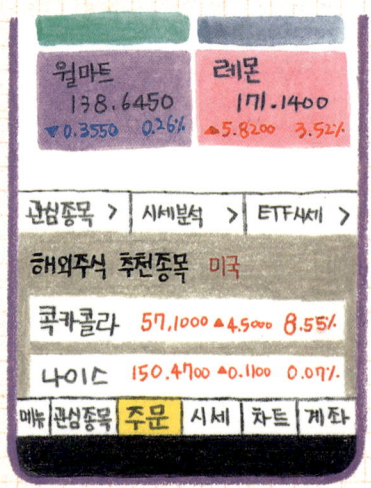

비대면 계좌 금융 기관을 방문하지 않고 인터넷 뱅킹이나 스마트폰 전용 앱으로 개설한 계좌.

③ 돋보기 모양의 '검색' 탭을 눌러요.

④ 사려는 주식의 이름을 입력해 선택해요.

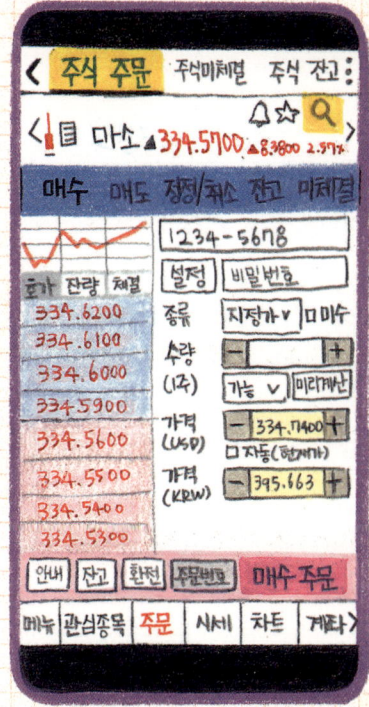

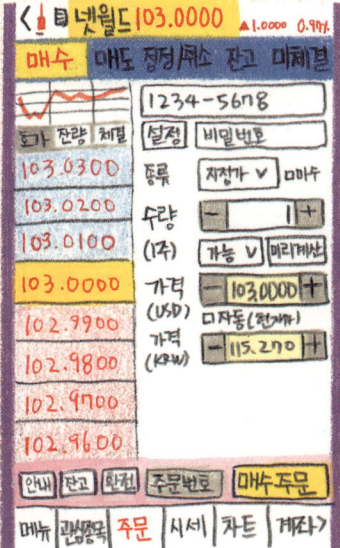

⑤ 매수 탭이 선택되었는지 확인해요. 가격 칸에 얼마에 살 것인지 금액을 써넣고, 수량 칸에 '1'을 써요. 매수 주문 버튼을 눌러요.

① 증권 회사 앱에 로그인해요.

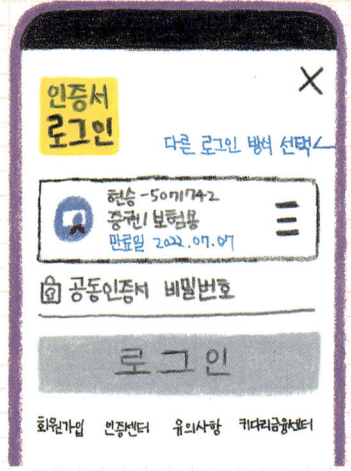

② '주문' 탭을 눌러요.

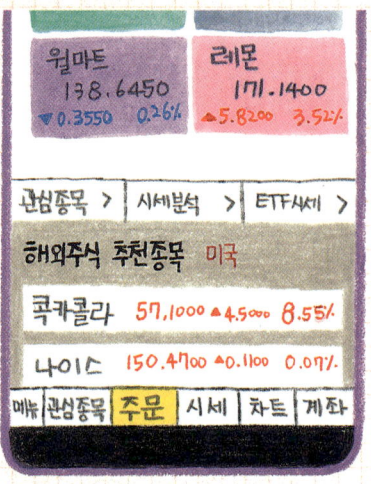

③ 돋보기 모양의 '검색' 탭을 눌러요.

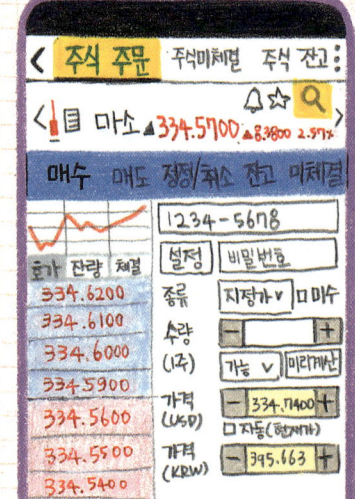

④ 팔려는 주식의 이름을 입력해 선택해요.

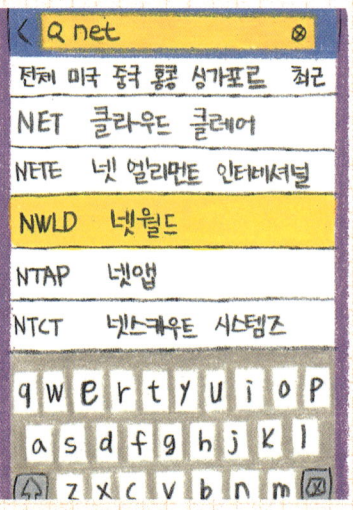

⑤ 매도 탭을 눌러요. 가격 칸에 얼마에 팔 것인지 금액을 써넣고, 수량 칸에 '1'을 써요. 매도 주문 버튼을 눌러요.

미국 주식 시장

미국에는 주식을 사고팔 수 있는 시장이 세 곳 있어요.

① **뉴욕 증권 거래소**: 미국 뉴욕 월 스트리트에 있는 증권 거래소예요. 세계에서 시가 총액이 가장 큰 주식 시장이에요. 맥도날드, 보잉, 디즈니, 3M 등 전통적인 기업들이 상장되어 있어요.

② **나스닥**: 정보 기술 기업이나 바이오 기업이 상장된 주식 시장이에요. 세계적인 기술 혁신 기업 애플, 전기 자동차를 만드는 테슬라가 이곳에 상장되어 있어요. 마이크로소프트, 페이스북, 넷플릭스 등도 이곳에서 거래해요. 기술력이 좋은 벤처 기업˚, 신생 기업들이 이곳에 상장해 투자금을 모아요.

③ **아맥스**: 위의 두 거래소에 상장된 기업에 비해 규모가 작은 기업들이 상장되어 있어요. 이제 막 출발한 스타트업˚처럼 발전 가능성이 큰 기업들이 많아요.

〈미국 주식 투자를 위한 기초 정보〉

주식 시장	뉴욕 증권 거래소, 나스닥, 아맥스
개장 시간	09:30~16:00 (한국시간 23:30~06:00)
거래 통화	미국 달러
거래 단위	한 주씩

미리 해외 주식 계좌에 돈을 옮겨 놓아요

해외 주식을 사려면 해외 주식 계좌에 돈을 넣어 놓아야 해요. 달러로 입금할 수

벤처 기업 전문 지식과 새로운 기술을 다루는 중소기업.
스타트업 설립한 지 오래되지 않은 신생 벤처 기업.

도 있고, 한화를 보내면 증권 회사에서 자동으로 달러로 환전해 주기도 해요. 이때 환전 수수료가 발생할 수 있어요.

환율이 중요해요

환율이 높을 때 주식을 샀는데, 환율이 떨어지면 그만큼 손해를 보는 거예요. 환율이 낮을 때 주식을 샀는데 환율이 오르면, 주가가 그대로여도 환율만큼 이익을 얻지요. 이렇게 환율이 변하여 이익을 얻는 것을 '환차익', 환율의 변화로 손해를 보는 것을 '환차손'이라고 해요. 해외 주식을 사고팔 때는 주가뿐 아니라 환율 변화도 꼼꼼하게 챙겨야 해요.

국내 주식 거래 때보다 수수료가 비싸요

주식을 거래하면 증권 회사에 수수료를 내요. 우리나라 주식을 사고팔 때는 일반적으로 거래 금액의 약 0.01퍼센트(온라인 기준, 증권 회사별로 다름)의 수수료를 내요. 만약 한 주를 10만 원에 구입했다면 수수료는 10원이지요. 해외 주식은 그보다 높은 약 0.25~0.5퍼센트(온라인 기준, 국가별·증권 회사별로 다름)의 수수료를 내요. 한 주를 10만 원에 구입하면 250원~500원의 수수료를 내야 하지요. 수수료는 온라인에서 거래할 때와 증권 회사를 방문해 사고팔 때가 다른데, 보통은 온라인으로 거래하는 것이 저렴해요.

이익을 얻었을 때는 세금을 내요

해외 주식 투자로 1년에 250만 원 이상 벌면 22퍼센트의 세금(양도소득세)을 내요. 만약 올해 해외 주식에 투자하여 350만 원의 이익을 얻었다면, 250만 원까지는 세금을 내지 않아요. 하지만 나머지 100만 원에 대해서는 22퍼센트인 22만 원을 세금으로 내야 해요.

밤에는 '가환율'을 적용해요

각국의 은행들이 외화를 사고팔 때마다 환율은 변해요. 이것을 '시장 환율'이라고 해요. 은행이 기업, 개인과 거래하기 위해 시장 환율에 환전 수수료를 붙여서 알려 주는 환율이 '고시 환율'이에요. 시장 환율이 바뀌면 고시 환율도 변해요.
국내 증권 회사의 영업시간이 아닐 때 환전을 하면 정확한 환율을 적용하기 어려워요. 환율이 수시로 변하니까요. 그래서 전날 고시 환율에 5퍼센트 정도를 더한 가환율로 환전을 해 줘요. 차액은 다음 날 고시 환율이 나오면 정확하게 계산해서 주식 계좌로 돌려주지요.

주식으로 배우는 경제 이야기

달러가 있어야 국제 무역을 할 수 있어요

국제 무역이나 금융 거래를 할 때 기준이 되는 돈을 '기축 통화'라고 해요. 현재의 기축 통화는 미국의 달러화예요. 한국이 해외에서 석유, 철, 밀 등을 사려면 한국 돈을 미국 달러로 바꿔서 내야 한다는 뜻이에요.

기축 통화가 되면 좋은 점이 많아요. 우선 화폐를 찍는 것만으로도 이익이 나요. 1백 달러짜리 지폐 한 장을 찍는데 1달러가 든다고 생각해 봐요. 그럼 나머지 99달러는 모두 미국의 이익이에요. 또 돈을 찍기만 하면 세계 어느 나라의 물건이든 살 수 있어요. 세계 경제에 미치는 영향력도 막강해져요. 자기 나라

돈을 전 세계에서 사용할 수 있으니 자기들에게 유리하게 경제 흐름을 조절할 수 있지요. 현재 미국이 세계 최강대국인 것도 달러의 힘 때문이에요.

기축 통화는 시대에 따라 변해요. 20세기 초반에는 영국의 파운드화가 기축 통화였어요. 제2차 세계 대전 이후부터 지금까지는 미국의 달러화가 기축 통화예요. 최근에는 중국 위안화가 미국 달러화에 도전장을 내밀고 있어요. 중국은 주변 국가에 위안화를 사용하게 하고, 중국 중심의 경제 공동체를 만드는 등 세계 경제의 중심에 오르기 위해 노력하고 있어요.

미국 돈 1달러당 가격이 경제를 움직여요

외국 통화와 우리나라 통화의 교환 비율을 '환율'이라고 해요. 오늘 달러 환율이 '1달러당 1,100원'이라면 우리 돈 1,100원으로 미국 돈 1달러를 받을 수 있다는 의미예요. 환율은 두 나라의 경제 상황에 따라 수시로 변해요.

환율이 높아지면 우리나라 기업이 수출할 때 유리해요. 예를 들어 북극곰 주식회사가 마스크를 만들어 한 장당 1달러를 받고 총 100장을 미국에 수출했어요. 이렇게 번 달러를 1달러당 환율이 1,100원일 때 한국 돈으로 바꾸면 11만 원을 벌고, 환율이 1,200원일 때 바꾸면 12만 원을 벌게 돼요.

환율이 오르면 수입하는 물건은 비싸져요. 북극곰 주식회사는 마스크를 만드는 원재료인 종이 필터 1제곱미터를 1달러에 수입해 왔어요. 환율이 높아져 1달러가 1,100원에서 1,200원으로 올랐어요. 그럼 1,100원이던 종이 필터를 살 때 1,200원을 내야 해요. 환율이 높아지면 수입하는 원료 가격이 오르니까 국내 물가도 따라 올라요.

환율이 낮아지면요? 반대로 우리나라 기업이 수입할 때 유리하지요. 예를 들어 1,100원이던 1달러당 환율이 1,000원으로 내렸어요. 그럼 1제곱미터에 1,100원이던 종이 필터를 1,000원만 내면 살 수 있어요.

하지만 수출할 때는 걱정이에요. 1달러짜리 마스크를 팔고 1,100원을 벌었는데, 이제 1,000원밖에 벌지 못하니까요. 마스크 가격을 올리면 되지 않느냐고요? 1,100원을 벌기 위해 마스크 가격을 1.1달러로 올리면 판매 가격이 비싸져서 그 마스크를 사려는 사람들이 줄어들 수 있어 함부로 올릴 수 없어요.

우리나라 산업은 원자재를 수입해서 물건을 만들고 그 물건을 해외에 수출하는 구조예요. 우리나라처럼 해외 의존도가 높은 나라는 환율 변화에 더욱 민감할 수밖에 없답니다.

환율에 따라 사야 하는 주식도 달라져요

환율은 주가에 어떤 영향을 미칠까요? 환율이 오르면 수출할 때 유리하니까 수출을 많이 하는 기업의 주가가 올라요. 예를 들어 1달러가 1,100원일 때 현대자동차가 3만 달러짜리 차 한 대를 수출하면 3천3백만 원을 벌어요. 환율이 1,200원으로 오르면 똑같은 자동차를 팔고 3천6백만 원을 벌지요. 그러니 환율이 오르면 수출을 많이 하는 자동차, 반도체 회사의 주식을 사는 게 좋아요.

환율이 내려가면 수입을 많이 하는 회사의 실적이 좋아져요. 대표적으로 정유 회사가 있어요. 원유 1배럴이 50달러라고 가정해 봐요. 1달러가 1,100원일 때 원유 1배럴을 수입하려면 5만 5천 원을 냈어요. 환율이 1,000원으로 내리면 5만 원만 있어도 원유 1배럴을 살 수 있어요. 그러니 환율이 낮을 때는 S-Oil같은 정유 회사의 주식을 사면 수익이 발생할 확률이 높겠지요?

환율이 낮아지면 라면 회사도 실적이 좋아져요. 라면을 만들 때 필요한 밀가루, 식용유 등의 원재료를 저렴하게 수입할 수 있으니까요.

하지만 환율이 주식을 사는 절대적인 잣대는 아니에요. 환율과 주식의 관계에는 수없이 많은 변수가 있어요. 또 주가에 영향을 미치는 요소는 무수히 많지요. 중요한 점은 환율과 주가는 '국제 경제'라는 커다란 흐름 속에서 바라보아야 한다는 사실이에요.

지금은 '글로벌 경제' 시대예요

"미국이 기침하면 한국은 독감에 걸린다." 한국 주식 시장에 떠도는 우스갯소리예요. 우리나라 주식 시장이 미국 주식 시장의 변화에 얼마나 크게 반응하는지를 빗댄 말이지요. 주식을 비롯한 우리나라 경제가 해외, 특히 미국의 움직임에 큰 영향을 받는 이유가 무엇일까요? 앞서 말했듯이 우리나라는 물건을 만들어 해외에 수출해서 돈을 벌어요. 한국은행의 발표에 따르면 우리나라의 2020년 GDP* 대비 수출입 비율이 72.9퍼센트였어요. 우리나라 경제에서 해외 무역이 차지하는 비중이 그만큼 높다는 뜻이지요. 세계 경제가 좋으면 한국 경제도 좋아지고, 세계 경제가 나쁘면 같이 나빠지는 것도 그 때문이에요.

특히 우리나라는 중국, 미국과 특별한 관계예요. 우리나라의 수출 1위 국가가 중국, 2위가 미국이거든요. 중국, 미국의 경기가 나빠지면 우리나라는 수출

GDP 한 나라에서 일정 기간 동안 새로 만든 재화와 서비스의 가치를 돈으로 환산해 전부 더한 수치.

이 줄어 어려움에 빠져요. 주식도 마찬가지예요. 우리나라 주가는 중국과 미국의 경제 상황에 따라 달라지기도 해요.

이제 세계 경제는 '한 몸'이에요. 나라 간 무역 장벽이 낮아지고, 국가 간 자본 이동이 활발해졌지요. 기업이 다른 나라에 자유롭게 진출할 수 있게 되면서 국가와 국가 사이의 상호 의존도는 높아졌어요. 생산과 소비 같은 경제 활동도 전 세계를 대상으로 이루어지지요. 이것을 '글로벌 경제'라고 해요.

미국 주식부터 시작해 봐요

미국 주식 시장에 상장된 기업 중에는 세계 유명 기업들이 많아요. 스타벅스, 코카콜라, 맥도날드, 나이키, 애플, 넷플릭스, 코스트코, 마이크로소프트, 페이스북 등이 미국 주식 시장에 상장되어 있지요. 투자 가치가 높은 미국 정보

기술 회사들을 MAGA(마이크로소프트, 아마존, 구글, 애플의 첫 글자), FANG (페이스북, 아마존, 넷플릭스, 구글의 첫 글자)로 묶어 부르기도 해요. 이 회사들은 우리 생활 속에서 늘 만날 수 있기에 주식 투자를 위한 정보도 쉽게 얻을 수 있을 거예요.

미래를 생각한다면 중국 주식에 관심을 가져요

중국은 성장 가능성이 큰 나라이기 때문에 관심을 가져 볼 만해요. 중국 주식 시장은 세 곳으로, 상하이, 선전, 홍콩 주식 시장이지요. 이들 주식 시장은 상장된 기업이 각각 달라요.

중국은 세계 경제 최강자의 자리를 노리는 만큼 엄청난 속도로 발전하고 있어요. 주식 전문가들은 "중국의 발전과 더불어 중국 주가도 오를 것"이라고 예측하지요.

중국 주식에 투자하는 방법은 두 가지가 있어요. 첫 번째는 중국 주식을 거래할 수 있는 증권 회사에서 계좌를 개설하고, 앱을 통해 직접 중국 주식을 사는 거예요. 단, 중국은 주식 최소 단위가 있어 한 번에 100주 이상만 살 수 있어요. 30주, 50주를 사겠다고 주문하면 거래가 이루어지지 않아요. 한 번에 1,000주 이상씩 사야 하는 회사도 있지요. 그만큼 큰돈이 필요해요.

두 번째는 미국 주식 시장에 상장된 중국 기업의 주식을 사는 거예요. 알리바바(온라인 쇼핑몰 알리바바닷컴을 운영하는 중국의 인터넷 기업), 바이두(중국 최대의 포털 사이트), 샤오펑(중국의 전기 자동차 회사) 등이 미국 주식 시장에 상장되어 있어요.

중국 주식 투자를 위한 기초 정보

주식 시장	개장 시간	거래 통화	거래 단위
상하이 증권 거래소	09:30~11:30, 13:00~15:00 (한국 시간 10:30~12:30, 14:00~16:00)	중국 위안화	기본 100주 (기업별로 다름)
선전 증권 거래소			
홍콩 증권 거래소	09:30~12:00, 13:00~16:00 (한국 시간 10:30~13:00, 14:00~17:00)	홍콩 달러	

연관 산업을 알면 주가가 보여요

산업은 다른 산업과 한 줄로 엮여 있다고?

학교에서 돌아온 현승이는 엄마에게 인사도 하는 둥 마는 둥 하고, 후다닥 방으로 들어갔어요. 오늘은 백화점 문화 센터에 방송 댄스를 배우러 가는 날인데, 학급 회의가 길어져 조금 늦게 집에 도착했거든요. 현승이는 일주일 중 이날을 가장 기다려요. 요즘은 UTS 오빠들 춤을 배우고 있어 더욱 그랬지요. 현승이는 옷을 갈아입으면서도 늦을까 봐 조바심이 났어요.

"엄마! 준비 다 했어요. 이제 나가요! 휴……."

현승이네 집에서 백화점까지는 차로 10분 정도 걸려요. 현승이는 내려가는 엘리베이터 버튼을 눌렀어요. 1층에 있던 엘리베이터는 5층 현승이 집을 지나 계속 위로 올라갔어요.

"이러다 진짜 늦겠네……."

엘리베이터는 현승이의 다급한 마음을 아는지 모르는지 제일 꼭대기 층인 23층까지 올라갔어요. 엘리베이터 숫자 바뀌는 속도가 오늘따라 더욱 느리게 느껴졌어요.

한참을 기다려 엘리베이터를 타고 지하 주차장으로 내려갔어요. 차에 앉아서야 겨우 한숨을 돌릴 수 있었어요.

"자, 출발할까?"

엄마가 자동차 안 거울로 뒷자리의 현승이를 보면서 시동을 걸었어요.

"덜덜, 부르릉."

차는 힘없이 시동이 걸렸어요. 현승이네 차는 현승이보다 나이가 많

아요. 올해 열다섯 살이지요. 아빠가 엄마랑 결혼하기 전부터 타던 자동차여서, 여기저기 긁히고, 찌그러졌어요. 현승이는 이 차의 오디오가 고장 난 것이 제일 불만이었어요. UTS 노래를 담은 USB를 꽂아도 음악이 나오지 않아요.

"엄마, 오늘 백화점에서 저 기다리면서 뭐 할 거예요?"

"아빠 등산복 좀 사려고. 주말에 등산 가는데 등산복이 마땅치 않아서."

"그럼 걸 그룹 '민트초코'가 광고하는 옷으로 사요. 그 옷이 땀을 빨리 흡수하고, 잘 말라서 등산할 때 좋대요. 유튜브에서 봤어요."

"걸 그룹 민트초코가 광고하는 옷? 아, 아웃도어 브랜드 유고패션 말이구나. 요즘 그 회사 등산복, 요가복이 엄청나게 인기더라. 현승이도 그 브랜드를 알아?"

"그럼요! 민트초코가 입고 나온 티셔츠가 얼마나 인기 있는데요! 하영이가 그 옷 품절이어서 기다렸다가 겨우 샀대요."

"유고패션 디자인이 진짜 좋아졌더라. 이탈리아 출신 디자이너를 새로 영입했다지? 유고패션 덕분에 기능성 신소재를 개발한 새한케미컬 매출도 많이 올랐어. 주가도 오르고."

"유고패션 때문에 다른 회사 주가가 올라요?"

"그럼! 유고패션 옷이 잘 팔리면 그 옷의 옷감을 생산하는 회사도 매출이 늘잖아. 산업은 다른 산업과 연결되어 있어. 삼신전자 스마트폰 매출에 따라 그 안에 들어가는 배터리 업체, 액정 개발 회사, 디자인 회사, 앱 개발 회사, 결제 대행 회사까지 영향을 받는걸. 그러니까 산업 전체를 연결해서 볼 줄 알아야 해."

엄마와 이야기를 나누는 사이 백화점이 있는 사거리까지 왔어요. 사거리에서 우회전하면 주차장으로 들어가는 길이 나와요. 엄마는 신호가 바뀌자 횡단보도 앞에 멈추었어요. 사람들이 횡단보도를 건너가고 신호등이 바뀌었어요. 다시 출발할 순간이에요. 그런데 이상했어요. 차가 움직이지 않는 거예요.

"어? 이상하다. 차가 왜 이러지?"

엄마는 꺼진 시동을 다시 켰지만, 아무런 반응이 없었어요. 여러 시도를 해 보았지만 차는 꼼짝도 하지 않았어요. 뒤에 서 있던 차들이 빵빵거리며 빨리 출발하라고 다그쳤어요.

"엄마, 왜 그래요? 괜찮아요?"

"이상해. 차가 먹통이야. 이를 어쩌면 좋아."

엄마는 당황해서 허둥대는 것 같았어요. 현승이는 시계를 봤어요. 방송 댄스 수업 시작까지는 5분밖에 남지 않았어요. 엄마는 주변을 살피더니 말했어요.

"안 되겠다! 보험 회사를 불러야겠어."

엄마는 자동차 비상등을 켰어요. 그리고 어디론가 전화를 했어요. 안 그래도 백화점 근처라 복잡한데, 현승이네 차가 멈춰 선 바람에 주변 교통이 엉키고 있었어요. 신호등이 보행 신호로 바뀔 때마다 사람들까지 뒤섞여서 더욱 복잡했어요.

"엄마, 저는 어떻게 해요? 곧 수업 시작할 시간인데……."

"아, 그렇지. 현승아. 엄마는 보험 회사에서 보낸다는 견인차 올 때까지 여기서 기다려야 하거든. 다음 신호 바뀔 때 내려서 횡단보도를 건너가. 다행히 인도 옆 차선이니까 크게 위험하지 않을 거야. 엄마가 봐 줄게. 현승이 혼자 갈 수 있겠지?"

사실 현승이는 복잡한 백화점에 혼자 가 본 적이 없어요. 늘 엄마가 데려다주셨거든요. 하지만 지금은 엄마에게 같이 가 달라고 할 수 있는 상황이 아니에요.

"네……. 한번 해 볼게요."

엄마는 초록색 보행 신호등이 켜졌을 때 현승이 쪽으로 다가와 문을 열어 주었어요. 현승이는 횡단보도를 건너 백화점 쪽으로 걸었어요. 엄마가 현승이에게 외쳤어요.

"현승아, 엄마가 방송 댄스 끝나는 시간에 연습실 앞에서 기다릴게!"

현승이는 엄마를 돌아보면서 고개를 끄덕였어요. 현승이는 사람들 무리를 따라 횡단보도를 뛰듯이 건너 백화점 안으로 들어갔어요. 수업이 시작된 지 이미 10분이 지나 있었어요.

앞으로는 전기 자동차의 시대라고?

수업이 끝나고 연습실 밖으로 나오자 엄마가 현승이를 기다리고 있었어요.

"현승아! 엄마 여기 있어. 수업 잘했어?"

불과 1시간 30분 만에 만난 엄마인데 오늘따라 더욱 반갑게 느껴졌어요.

"늦게 도착하는 바람에 처음에는 좀 힘들었어요."

"오늘은 노래가 바뀐 것 같던데?"

"새로운 노래로 새로운 춤 배웠어요. 집에서 유튜브 보면서 연습할 거예요. 참, 차는 어떻게 되었어요?"

현승이의 말을 들을 때는 웃고 있던 엄마가 자동차 이야기가 나오자 표정이 어두워졌어요.

"카센터에서 고쳐 보기는 하겠는데, 오래된 차라 또 고장 날 수 있대. 우리 백화점 옆에 있는 자동차 판매 전시장 가 볼까? 거기서 새 차 구경하자. 그 건물 2층에 있는 고구려 돼지갈비에서 저녁 먹고. 어때?"

"좋아요!"

현승이는 엄마 손을 잡고 백화점을 나섰어요. 백화점 바로 옆에 있는 한빛자동차 판매 전시장에 들어서자 정장을 입은 직원이 현승이와 엄마에게 인사를 했어요.

"어서 오십시오. 무엇을 도와 드릴까요?"

"새로 나온 자동차 '글로리아'를 좀 보려고요."

"이쪽으로 오세요."

직원은 현승이와 엄마를 안쪽으로 안내했어요.

"전기 자동차를 찾으시나 보네요. 이 차가 새로 나온 글로리아입니다."

엄마는 사랑스러운 눈길로 자동차를 살펴보았어요. 차 문을 열어 운전석 안쪽도 들여다보았어요.

"앞으로는 아무래도 전기 자동차가 많아지겠지요?"

"그럼요! 내연 기관 자동차˚의 시대는 끝나 가고 있어요. 미래에는 배터리를 전기로 충전해서 달리는 전기 자동차가 거리를 뒤덮을 거예요."

엄마는 시선을 자동차에 그대로 둔 채 고개를 끄덕였어요. 직원은 엄마에게 계속 설명을 이어 갔어요.

"이번에 한빛자동차가 전기 자동차 글로리아를 내놓으면서 주가가 껑충 뛰었어요. 한빛자동차 **시가 총액**이 아직 전기 자동차를 개발하지 못한 스텔라모터스의 세 배예요. 이것만 봐도 전기 자동차에 대한 시장의 기대가 얼마나 큰지 알 수 있지요."

엄마는 새하얀 글로리아 자동차를 쓰다듬었어요. 그러더니 현승이에게 운전석에 앉아 보라고 했어요. 현승이는 운전석에 앉아서 진짜 운전하는 것처럼 핸들을 좌우로 돌려 보았어요.

"엄마, 이 차 정말 좋아요. 조그만 줄 알았는데 안에 들어와 보니까 진짜 넓어요. 앞에 모니터도 있어요."

현승이의 감탄에 직원이 설명을 덧붙였어요.

"내연 기관 자동차는 연료를 태워 엔진을 움직이니, 연료 탱크도 있어야 하고, 엔진의 열을 식혀 주는 장치도 필요해요. 하지만 전기 자동차는 그런 장치가 필요 없으니 기존 자동차보다 부품이 적게 들어가서

내연 기관 자동차 석유를 태워 엔진을 가동하는 자동차.

내부 공간이 더 넓어요."

현승이도 직원의 말에 고개를 끄덕였어요. 문득 예전에 증권 회사 직원이 한빛자동차 주식이 '우리나라의 대표적인 우량주'라고 했던 말이 생각났어요.

"아저씨, 그럼 한빛자동차 주가가 더 오를까요?"

현승이의 뜬금없는 질문에 아저씨는 웃음이 터졌어요. 엄마도 함께 웃었지요.

"하하하, 어린이가 주식을 좀 아는 모양이네요? 이미 많이 올랐지요. 글로리아 전기 자동차가 잘 팔릴 것이라는 기대 때문에 작년과 비교해 30퍼센트 정도 올랐어요. 글로리아 전기 자동차에 들어가는 배터리 회사, 모터 회사, 타이어 회사, 철강 회사 주가도 따라 올랐고요. 전기 자동차와 연관된 산업이라 동반 상승한 거지요."

엄마가 운전석에서 설명을 듣던 현승이에게 나오라고 손짓을 했어요. 그리고 직원에게 다시 물었어요.

"이 차는 얼마예요? 아직은 전기 자동차 가격이 비싸잖아요."

"차 가격은 비싸지만, 기름값이 들지 않고, 부품이 적으니 수리할 것이 거의 없어 유지 비용이 훨씬 적게 듭니다. 이쪽으로 오시면 제가 견적을 좀 내 드릴게요."

엄마와 현승이는 직원이 안내하는 탁자로 갔어요. 한빛자동차 직원은 컴퓨터를 보면서 엄마에게 가격을 설명했어요. 현승이는 주위를 둘러보고 있었지요. 그때 자동차 판매 전시장 벽에 붙어 있는 커다란 모니터가 현승이 눈을 확 사로잡았어요. 모니터에서 UTS가 나오지 뭐예요. UTS는 글로리아 전기 자동차 광고 모델이었지요. 현승이는 자신도 모르는 사이에 화면 쪽으로 걸어갔어요. 엄마는 직원이랑 자동차 가격을 이야기하느라 현승이를 신경 쓰지 않았어요. 광고 마지막에 윤국 오빠가 말했어요.

"친환경 전기 자동차는 세계가 관심을 갖고 있는 미래 산업이죠. 전기 자동차를 타고 미래로 가세요. 우리의 첫 전기 자동차 글로리아!"

그 모습을 보면서 현승이는 가슴이 벅차올랐어요. 엄마가 글로리아 전기 자동차를 꼭 샀으면 좋겠다고 생각했어요.

'우리 차는 너무 낡았어. 이 차가 있으면 UTS 음악을 들으며 드라이브할 수 있으니 얼마나 좋아!'

현승이는 똑같은 광고가 반복해서 나오는 모니터를 넋을 잃고 바라보았어요. 그때 한 직원이 현승이에게 다가와 말을 걸었어요.

"UTS가 광고하니까 글로리아 전기 자동차가 더 멋지게 보이지요? 이번에 글로리아 전기 자동차를 구입하는 고객들을 UTS 콘서트에 초청할 거예요. 이거 한번 보세요."

직원은 '글로리아 전기 자동차 고객에게 주는 특별 혜택'이라고 쓰인 광고 전단지를 현승이에게 주었어요.

현승이는 UTS 콘서트에 한 번도 가 보지 못했어요. 콘서트 티켓 가격이 너무 비쌌고, 그나마도 1~2분이면 다 팔렸거든요.

'자동차를 사면 UTS 콘서트에 갈 수 있다니! 엄마에게 글로리아 전

기 자동차를 꼭 사라고 해야겠어!'

현승이는 직원이 준 광고 전단지를 들고 엄마에게 뛰어갔어요.

"우당탕, 꽈당!"

현승이는 급히 뛰어가다가 앞으로 넘어지고 말았어요. 놀란 직원들이 달려와 현승이를 일으켜 세웠어요. 엄마도 달려왔고요. 현승이 왼쪽 무릎에 상처가 생겼고, 피까지 흘렀어요. 현승이는 넘어졌다 일어나는 순간까지 광고 전단지를 손에서 놓지 않았어요.

전기 자동차를 살까, 전기 자동차 회사 주식을 살까?

고구려 돼지갈비를 먹으러 2층으로 오르는 계단에서 현승이는 잠시 멈칫했어요. 까진 무릎이 시큰하고 쓰려 걷기가 불편했거든요. 다행히 자동차 판매 전시장 옆에 약국이 있어서 상처를 소독하고, 밴드까지 붙이고 오는 길이에요. 엄마는 현승이 팔을 잡고 부축해 주면서도 현승이를 타박했어요.

"조심 좀 하지. 덜렁거리다가!"

"그게 아니라, UTS 콘서트 이야기를 엄마에게 빨리 말해 주려고 그런 거예요……."

현승이는 엄마에게 섭섭한 듯 입을 삐죽거렸어요. 식당에서 자리를 잡고 앉아 메뉴판을 보고 있을 때 아빠가 오셨어요. 엄마가 퇴근하는 아빠에게 연락을 하셨대요.

"현승이 어때? 무릎 좀 보자."

아빠는 현승이 무릎부터 확인했어요. 현승이는 얼굴을 찡그렸어요. 꾀병이 아니라, 진짜 아빠를 보니까 다친 곳이 더 아픈 것 같았지요.

"이만하기를 다행이다."

현승이의 무릎 상태를 확인한 아빠는 외투를 벗고 의자에 앉았어요. 탁자에 놓인 물수건으로 손을 닦더니, 엄마에게 시선을 돌렸지요.

"많이 놀랐겠네요? 갑자기 차도 고장 나고, 현승이까지 다쳤으니."

"약국에서 가벼운 찰과상이라고, 며칠 소독하고 연고 바르라고 했어요. 그나저나 차가 문제예요. 카센터에서 연락받았지요?"

"응, 카센터 사장이 전화했더라고요. 이번에 고친 것이 얼마나 갈지 모르겠대요."

"조금 전에 한빛자동차의 전기 자동차 가격 알아봤어요."

엄마는 한빛자동차 직원이 준 서류를 아빠에게 내밀었어요. 현승이도 거들었어요.

"아빠, 우리 글로리아 전기 자동차 사요. 그 자동차를 사는 고객을 UTS 콘서트에 초청한대요. 살 거죠? 네?"

아빠는 가볍게 웃을 뿐, 대답하지 않았어요. 고기가 익기를 기다리는 동안 아빠가 말씀하셨어요.

"현승이는 UTS 콘서트 가고 싶어서 그 비싼 자동차를 사자는 거야?"

"우리 차 너무 낡았잖아요. 그러니까 이번에 차를 새로 사고, UTS 콘서트도 가면 좋잖아요."

"새 차, 좋지! 그런데 현승이 그거 알아? 자동차를 사는 것은 소비고, 자동차 회사 주식을 사는 것은 투자라는 거."

"소비와 투자요?"

"쉽게 구분하면, 어떤 물건을 사고 난 후 가격이 점점 내려가면 소비고, 가격이 오르면 투자야. 10년 전쯤 전기 자동차가 본격적으로 나오기 시작했는데, 그때 전기 자동차 한 대가 1억 원 정도 했어. 10년이 지난 지금 그 차의 중고 가격은 5천만 원쯤일 거야. 그때 1억 원어치 주식을 샀으면 어떻게 되었을까? 미국 전기 자동차 회사가 10년 전에 17달러에 상장을 했는데 지금 주가는 1000달러가 넘으니 그대로 가지고 있었으면 처음 투자했을 때보다 큰돈을 벌었겠네. 물론 새 차가 꼭 필요하다면, 소비하는 게 맞지. 하지만 꼭 필요한 물건이 아니라면, 미래를 내다보고 투자하는 게 그보다 가치 있겠지. 무슨 말인지 알겠어?"

현승이는 그제야 알아들었어요. 결국 아빠는 글로리아 전기 자동차를 사지 않겠다는 말이에요. 엄마도 아빠와 뜻이 같은가 봐요.

"현승아. 엄마가 오늘 견적을 받아 보니까 지금 우리가 소비하기에는 가격이 너무 비싸더라. 그러니까 원래 타던 차를 2년만 더 타자!"

"그럼 UTS 콘서트에 못 가는 거네요?"

현승이는 실망스러워 시선을 탁자로 떨어뜨렸어요. 아빠가 노릇하게 구워진 돼지갈비 한 점을 현승이 앞접시에 주셨지만, 먹고 싶지 않았어요. 갑자기 아까 다친 무릎이 콕콕 쑤시는 것 같았어요.

나는 어떤 회사의 주주일까?

주주라면 주식을 산 뒤에도 그 회사가 어떤 제품을 판매하는지, 어떤 사회 활동을 하는지 지속적으로 관심을 가져야 해요. 그래야 앞으로 주가가 오를지, 내릴지를 가늠할 수 있으니까요. 그런데 회사와 관련된 정보는 어디에서 얻을 수 있을까요? 지금부터 주식 투자한 회사의 정보 찾는 방법을 알아볼까요?

홈페이지에 들어가요
회사 공식 홈페이지에 들어가 홈페이지의 여러 항목 중 '회사 소개'를 찾아요. 기업 정보, 투자 정보 같은 메뉴가 있을 거예요. 이곳에서 회사의 역사, 제품, 기업 실적을 확인할 수 있어요.

최신 뉴스를 검색해요
포털 사이트 검색창에 회사 이름을 쓰고 '뉴스' 탭을 누르면 회사와 관련한 최신 뉴스부터 나와요. 이 뉴스를 통해 다양한 정보를 얻을 수 있어요. 특히 신제품 출시, 주가 분석 기사는 꼭 읽어 보세요.

브랜드를 검색해요
관심 있는 제품이 있다면 회사 외에도 브랜드로 검색해 정보를 얻어요. 예를 들어 현승이가 사고 싶어 하는 삼신전자의 무선 이어폰 브랜드를 검색해 봐요. 제품의 기능이나 특징, 소비자의 반응을 알 수 있어요.

주식 거래할 때 알아 두세요

기업의 가치를 시가 총액으로 계산해요

시가 총액이란 현재의 주가와 발행한 주식의 수를 곱한 금액이에요. 시가 총액은 주식 시장의 규모, 기업의 가치를 가늠하기 위해 사용해요. 시가 총액이 높을수록 가치 있는 기업으로 평가받지요. 예를 들어 북극곰 주식회사 주식은 한 주당 1만 원이고, 1만 주를 발행했다면, 이 회사의 시가 총액은 1억 원이에요. 그러니까 북극곰 주식회사의 전체 가격이 1억 원이라고 생각해도 괜찮아요. 시가 총액은 주가에 따라 달라져요.

2021년 11월 기준, 우리나라에서 시가 총액이 가장 큰 회사는 삼성전자이고, 세계에서 시가 총액이 가장 큰 회사는 마이트로소프트예요.

시가 총액을 보면 산업의 흐름을 알 수 있어요

시가 총액 순위를 보면 어떤 업종이 산업을 움직이는지 알 수 있어요. 1980~1990년대 세계 시가 총액 1위 기업은 개인용 컴퓨터 시대를 활짝 연 IBM이었어요. 2000년대 초 세계에서 가장 비싼 기업은 가전제품을 만드는 미국 기업 GE, 미국의 석유 화학 회사 엑손모빌이었고요. 현재 IBM, GE, 엑손모빌은 시가총액 10위 권 밖으로 밀려나 있지요.

2012년부터는 애플이 세계 시가 총액 1위 자리를 굳건하게 지켰어요. 그러다 2021년 11월, 마이크로소프트에 1위 자리를 내주었지요. 아마존, 페이스북, 구글 등도 그 뒤를 뒤따르고 있고요. 이들 기업은 모바일과 온라인 사업을 펼친다는 공통점이 있어요. 그러니까 지금은 모바일과 온라인 사업이 세계 경제와 산업을 움직인다고 해석할 수 있어요.

주식으로 배우는 경제 이야기

기업의 미래를 볼 것인지, 현재를 볼 것인지 결정해 주식을 사요

현재는 불확실하지만, 미래에 성장할 것으로 기대되는 주식을 '성장주'라고 해요. 반대로 지금 실적은 괜찮지만, 미래에도 성장할 것인지 애매한 기업의 주식을 '가치주'라고 해요.

전기 자동차, 수소 자동차, 인공 지능, 자율 주행, 우주·항공……. 요즘 성장주라고 불리는 산업이에요. 이 산업을 이끄는 회사들은 기술이나 제품을 개발하느라 큰돈을 쓰기 때문에 지금은 매출이나 이익이 기대에 못 미쳐요. 하지만 미래에는 좋아질 것이 확실하지요. 당장은 적자가 나고, 상황이 안 좋아도 미래가 비전 있고 확실해 보이면 주가는 올라요.

미국의 인터넷 쇼핑몰 아마존, 전기 자동차 회사 테슬라는 오랫동안 적자였어요. 하지만 이들이 세계 1위 기업이 되면서 주가도 엄청나게 올랐어요. 우리나라의 네이버, 카카오도 한때는 적자를 면치 못했지만, 이제는 우리나라를 대표하는 주식 종목으로 자리 잡았어요. 아마 이 회사들의 가치를 보고 예전에 주식을 사 두었던 투자자는 커다란 이익을 얻었을 거예요.

성장주도 단점이 있어요. 일단 주가가 비싸요. 성장할 것이 분명해 사려는 사람이 많기 때문이지요. 주식은 싸게 사서, 비싸게 팔아야 이익을 얻는데, 아쉽게도 이미 유명해진 성장주는 비싸니 그러기가 힘들어요. 미래 예측에 실패했을 경우 엄청난 손해를 볼 수 있다는 것도 단점이에요. 신약 개발을 기대하고

제약 회사 주식을 샀는데, 실패로 끝났을 경우, 그 주식은 쓸모없는 종잇장으로 변해 버릴 수 있어요.

매일유업이라는 회사가 있어요. 우유, 분유, 음료, 식품 등을 개발해서 생산하는 기업이에요. 이 회사는 사업을 무척 잘해서 매출과 이익이 매년 늘어요. 이미 벌어 놓은 돈도 상당히 많아요. 기술력이 뛰어나고, 제품을 충분히 생산할 수 있는 공장도 있어요. 그렇지만 주가는 기업이 가진 가치에 비해 낮아요. 왜 그럴까요? 성장 가능성이 낮기 때문이에요. 태어나는 아기들이 점점 줄고 있는 상황에서 앞으로 분유, 우유 소비가 지금의 두 배, 세 배가 될 것이라 기대하기 어렵잖아요. 이런 기업의 주식이 '가치주'예요. 현재 상태는 만족스럽지만, 미래가 불투명한 기업의 주식들이지요.

주식 시장은 언제나 현재보다 미래를 중요시 여겨요. 지금 실적이 좋아도 미래가 불투명하면 주가는 하락하는 경우가 많아요. 가치주는 미래보다 현재에 무게를 두고 있는 기업들이라 주가가 낮은 거예요. 가치주는 폭발적인 성장을 기대하기 어려운 전통 산업인 경우가 대부분이에요. 은행, 보험, 석유 화학, 철강, 건설, 조선, 제지 회사의 주식들이 현재의 기업 가치에 비해 낮게 평가받는 가치주들이에요.

이 회사들은 안정적으로 사업을 펼치기 때문에 망할 염려가 없어요. 주식 가격이 낮은 편이라 주가가 폭락할 위험도 적어요. 기업의 가치에 맞게 주가가 오를 가능성은 늘 지니고 있고요.

성장주와 가치주는 시대와 환경에 따라 달라져요. 우리나라에서는 반도체 관련 주식을 성장주로 분류하지만, 일본은 그렇지 않아요. 일본의 반도체가 한국 반도체에 뒤지면서 성장성을 잃었거든요. 1980년대 성장주는 건설, 은행, 무역 관련 주식이었어요. 요즘 은행 주식은 대표적인 가치주로 바뀌었어요. 인터넷 뱅킹, 모바일 뱅킹이 퍼지면서 은행 사업의 성장이 더뎌졌기 때문이에요. 한동안 현대자동차는 가치주로 취급받았어요. 자동차 산업의 성장이 한계에 이르렀으니까요. 요즘 현대자동차는 성장주로 평가받아요. 전기 자동차, 수소 자동차를 개발하면서 미래 성장 가능성을 높였기 때문이죠.

앞으로 어떤 주식을 사야 할까요?

주가는 기업의 미래 가치를 담고 있어요. 사람들은 그 기업이 미래에 성장할 것이라는 기대로 미리 주식을 사는 거예요. 그렇다면 미래를 내다보며 지금 사

놓아야 할 주식은 어떤 것이 있을까요?

빅데이터 수집·분석·활용 산업

SNS를 하다 보면 '알 수도 있는 친구'를 추천하거나, '좋아할 만한 상품'을 보여 줄 때가 있어요. 이것은 '빅데이터'를 분석한 결과예요. 빅데이터는 엄청난 양의 데이터를 관리하고, 분석해서 유용한 정보로 사용하는 기술을 말해요.

이미 일상에서 빅데이터를 활용하는 사례는 많아요. 외국어 자동 번역기는 사람이 번역한 수억 개의 문서를 조사해 번역의 규칙을 적용하는 방식이에요. 온라인 서점은 고객의 도서 구매 데이터를 분석해 고객이 추가로 살 것 같은 도서를 추천하는 시스템을 사용하지요.

앞으로는 빅데이터를 모을 수 있는 기업, 그것을 목적에 맞게 분석할 능력을 지닌 기업에 투자하세요. 빅데이터용 소프트웨어를 개발하거나, 빅데이터를 활용한 맞춤형 마케팅을 펼치는 기업도 성장 가능성이 크답니다.

전기 자동차 관련 산업

전 세계 자동차 회사들은 친환경 자동차를 개발하기 위해 애쓰고 있어요. 배기가스 규제가 엄격해지면서 환경 오염이 심한 내연 기관 자동차는 점점 설 자리를 잃고 있거든요. 현재까지 친환경 자동차의 선두는 전기 자동차예요. 수소 자동차가 그 뒤를 잇고 있고요. 자동차 전문가들은 2040년까지 전 세계 자동차의 30퍼센트 이상이 전기 자동차로 바뀔 것이라고 예상

해요. 그러니 앞으로 발전 가능성이 무척 큰 산업이랍니다. 현재 미국의 테슬라가 가장 앞서 있고, 우리나라의 현대자동차도 친환경 자동차 시장에 뛰어들었어요.

전기 자동차 연관 산업도 주의 깊게 살펴보세요. 전기 자동차 판매가 늘면서 전기 자동차용 배터리를 만드는 회사, 전기 자동차에 들어가는 인공 지능을 개발하는 회사, 자율 주행을 위한 센서를 연구하는 회사, 전기 자동차에 적합한 타이어를 생산하는 회사들도 크게 성장하고 있답니다.

바이오산업

암세포만을 찾아 죽이는 항암제, 병충해에 강해 농약 사용을 줄일 수 있는 농산물 품종은 생명 공학 기술의 결과예요. 생명 공학 기술을 이용하여 제품을 개발하고 생산하는 것을 '바이오산업'이라고 불러요. 바이오산업은 미래의 사회 문제로 여겨지는 질병 치료, 인간의 수명 연장, 식량 문제 해결에 큰 역할을 할 거예요. 현재 바이오산업이 가장 활발한 분야는 의약품 분야이고, 농업, 환경, 에너지 분야에서도 연구가 한창이에요.

바이오산업은 성공하기까지 시간이 오래 걸린다는 단점이 있어요. 새로운 약을 개발해 완성하기까지 보통 10년 이상이 걸려요. 성공 확률도 낮고요. 긴 시간 연구 개발과 실험을 계속해야 하니 돈도 많이 들어요. 하지만 개발에 성공하면 전 세계로 한꺼번에 팔려 나가기 때문에 엄청난 돈을 벌 수 있어요.

바이오산업 관련 주식은 먼 미래를 내다보아야 하니 장기적으로 투자해야 해요. 의약품을 연구 개발하는 제약 회사, 제약 회사에서 개발한 의약품 위탁 생산 기업[*], 의료 관련 기업이나 건강 관련 제품과 서비스를 제공하는 헬스케어 관련 기업도 바이오산업에 포함돼요.

위탁 생산 기업 주문자의 의뢰에 따라 상품을 제작해 주는 업체.

기업은 주식을 키우고, 주식은 희망을 키워요

삼신전자에서 편지가 왔다고?

주식회사 삼신전자 임시 주주 총회 소집 통지서

주주 여러분 안녕하십니까?
다음과 같이 임시 주주 총회를 개최하고자 하오니,
주주 여러분들의 많은 참석을 바랍니다.

일시 2021년 12월 ○일(목) 오전 9시
장소 서울시 종로구 △△로3 삼신전자빌딩 25층 강당
안건 - 삼신전자 상반기 이익 증가에 따른 주주 특별 배당의 건
      - 삼신전자 임원진 교체의 건
      - 삼신전자 사업 목적 추가 등 정관 변경의 건

주식회사 삼신전자 대표이사 김준희 배상

"다녀왔습니다! 엄마, 이것 좀 보세요."

학교에서 돌아온 현승이는 현관에 들어서자마자 편지 한 통을 엄마에게 보여 주었어요.

"그게 뭐야?"

"삼신전자에서 저한테 편지를 보냈어요. 근데 무슨 말인지 하나도 모르겠어요. 무슨 총회를 소집한다네요?"

편지를 받아 든 엄마가 찬찬히 읽어 보더니 말했어요.

"삼신전자에서 특별 배당을 할 건가 봐! 그 내용을 임시 주주 총회에서 결정하겠다는 거고. **주주 총회**는 주식회사의 주주들이 모여 회사의 중요한 사안을 정하는 최고의 의사 결정 기관이거든. 현승이 축하해!"

"네? 축하한다고요? 왜요?"

"삼신전자가 사업을 잘해서 이익이 많이 생겼대. 그래서 주주들에게 이익을 나누어 준다는 거야. 그걸 **배당**이라고 하거든. 주주는 기업의 일부를 소유한 사람이니까 이익을 나누어 갖자는 거야."

"우아, 그럼 저한테 돈이 생기는 거네요! 이런 걸 매달 받는 거예요?"

"그건 아니야. 보통은 1년에 한 번 주는 회사들이 많고, 1년에 네 번 주는 회사도 있어. 아예 배당금이 없는 회사도 있고. 삼신전자는 올해 상반기 이익이 목표보다 많아서 특별 배당을 하는 거래."

현승이는 그제야 편지 내용을 이해했어요. 그때 문득 궁금해졌어요.

"엄마, 여기 꼭 가야만 배당금을 받는 거예요? 저는 이날 학교에 가야 하는데 어떻게 주주 총회를 가요?"

"하하하, 그렇지 않아. **보통주**를 가진 주주는 주식 한 주당, 한 개의 의결권을 갖는단다. 100주를 가지면 100개의 의결권이 있는 거야. 주주 총회에서는 대개 '주주의 반 이상이 출석하고, 출석 주주의 반 이상이 찬성하면' 의사 결정을 할 수 있어. 그러니까 현승이가 주주 총회에 참석하지 않더라도 출석과 찬성 조건이 맞으면 배당을 결정할 수 있고, 배당이 의결되면 현승이 몫도 받을 수 있어."

현승이는 그제야 안심이 되었어요. 비록 주주 총회에는 못 가지만, 배당에 찬성하는 사람이 많았으면 좋겠다고 생각했어요.

이야기를 나누고 있는데 갑자기 현관문 비밀번호를 누르는 소리가 났어요. 두 사람은 깜짝 놀라 현관 쪽을 바라보았어요. 이 시간에 집에 올 사람이 없거든요. 문을 열고 들어온 사람은 아빠였어요.

"아빠!"

"여보! 이 시간에 웬일이에요?"

아빠는 희미하게 웃었어요. 달콤이는 꼬리를 흔들며 반가워했어요.

"일이 있어서 좀 일찍 퇴근했어요. 현승이 학교 잘 다녀왔니? 현승이 오늘 학원 안 가는 날이지? 달콤이 산책 좀 시켜 줄래? 아빠는 엄마랑 할 이야기가 좀 있어서 말이야."

아빠가 중요한 이야기를 할 건가 봐요. 아빠를 보는 엄마의 눈빛에 불안함이 스쳤어요. 현승이는 아빠와 엄마가 하는 이야기를 듣고 싶었지만, 내색하지 않고 아빠 말을 따랐어요. 현승이는 달콤이를 데리고 밖으로 나왔어요.

'무슨 일일까? 아빠가 그렇게 심각해 보이는 건 처음이야.'

아빠는 늘 유쾌하고 장난기 많은 사람이었거든요. 오늘 본 아빠는 그렇지 않았어요. 현승이는 생각에 잠긴 채 천천히 걸었어요. 달콤이도 현승이의 기분을 알아챘는지 현승이와 보폭을 맞춰 걸었어요. 아파트 입구에 있는 상가를 지날 때 누군가 현승이를 불렀어요. 하영이였어요. 현승이는 생각에 빠져 있느라 그 소리를 듣지 못했어요. 하영이는 현승이에게 다가와 어깨를 툭 쳤어요.

"야, 이현승! 무슨 생각을 하느라고 불러도 그냥 가!"

"어? 하영아……."

"어디가? 달콤아 안녕!"

하영이는 쭈그려 앉아 달콤이를 쓰다듬으면서 현승이를 올려다 보았어요.

"달콤이 산책시키려고 공원에 가. 너는?"

"나는 논술 학원 가는 중이야. 근데 너희 아빠 오늘 회사 안 가셨어? 나 조금 전에 너희 아빠 봤어. 저쪽 놀이터 뒤에 혼자 앉아 계시더라? 고민 있으신 거 같았어."

"혼자 놀이터에 계셨다고?"

점점 이상한 생각이 들었어요. 아빠에게 무슨 일이 생긴 게 분명해요. 현승이는 하영이와 헤어지고 UTS 음악을 들으며 공원을 걸었지만, 신나지 않았어요. 빨리 집에 돌아가고 싶다는 생각이 머릿속에 가득했어요.

사회를 위해 착한 일을 하는 기업

현승이가 달콤이와 산책을 마치고 집에 돌아왔을 때, 아빠는 혼자 소파에 앉아 계셨어요. 엄마는 주방에 앉아 계셨고요. 엄마 얼굴에는 울고 난 흔적이 있었어요.

"현승이, 이리 좀 와 봐. 아빠가 할 이야기가 있어."

"네."

현승이는 달콤이에게 물을 챙겨 주고, 아빠 옆에 앉았어요.

"아빠가 오늘부터 무급 휴직을 하게 되었어. 아빠 회사에 작년에 새로운 CEO가 와서, 신사업을 시작했어. 그런데 결과가 좋지 못해서, 이번에 그 사업을 접기로 최종 결정을 했나 봐. 그러면서 아빠가 일하던 IR 팀이 속한 전략 기획 본부도 축소할 수밖에 없게 된 거야. 신사업 본부에서 일하던 사람들은 회사를 그만두고, 아빠는 당분간 휴직하는 걸로 결정이 났어. 현승이도 4학년이니까 그 정도는 이해할 수 있을 것 같아서 아빠가 직접 말하는 거야."

현승이는 너무 놀라 아무런 말을 할 수 없었어요. 아빠는 나지막하게 말을 이어 갔어요.

"기업이 '이윤을 추구하는 집단'이라는 건 사회 시간에 배웠지? 이 이윤은 기업의 주인에게만 돌아가는 게 아냐. 기업이 이윤을 추구하는 것은 국가와 사회를 위한 일이기도 해. 기업은 사회에 일자리를 제공하고,

---

무급 휴직 급여가 지급되지 않는 상태에서 일을 쉼.
CEO Chief Executive Officer의 줄임말로, 기업에서 최고의 결정권을 가진 최고 경영자.

국가에 세금을 낼 책임이 있지. 하지만 사업을 잘 못하면 사회에 나쁜 영향을 미치고, 많은 사람에게 피해를 줘."

"휴……."

현승이는 어쩐지 한숨이 나왔어요. 마음이 바닥까지 축 가라앉는 느낌이었어요. 아빠가 그동안 얼마나 열심히 일했는데! 그런 아빠를 몰라주는 회사가 미웠어요. 아빠를 위해 뭐라도 해야 할 것 같았어요.

"직원을 마음대로 자르는 아빠 회사, 주가 팍팍 떨어지면 좋겠다!"

"현승이 마음은 알겠지만, 꼭 그렇게 될 것 같지는 않아. 상반기 실적이 좋지 않아서 주가가 내려가기는 했는데, 아직은 단정하기 어려워. 이번에 적자*가 나는 사업을 접으면 다시 이익이 높아지거든. 그럼 기업 실적이 개선되어 주가는 오히려 올라갈 수 있어. 하하하."

아빠의 큰 웃음소리가 어딘지 모르게 어색했어요. 평소와 달리 텅 비어 보였지요.

저녁 시간에도 현승이네 집에는 무거운 기운이 내려앉았어요. 엄마도, 아빠도 아무런 말을 하지 않고 밥만 드셨어요. 철없는 달콤이만 아빠 발을 핥고, 안아 달라고 졸랐어요. 어색한 침묵을 깨기 위해 현승이가 아빠에게 자랑하듯 말했어요.

"참, 아빠! 삼신전자에서 저를 초대했어요. 임시 주주 총회에 오래요."

그제야 아빠의 표정이 조금 밝아졌어요.

"그래? 주주 총회 안건은 확인해 봤고?"

"네, 배당이요. 이익이 많이 생겨서 주주한테 돈을 준대요."

"아빠도 삼신전자가 특별 배당을 한다는 기사 읽었어. 기업이 1년에 한 번 배당금을 주는 것도 쉬운 일이 아닌데, 특별 배당을 하다니. 삼신전자는 정말 사업을 잘한 거야. 주주의 이익을 높여 주는 것도 기업이 사회를 위해 해야 할 일이란다."

조용히 밥만 드시던 엄마가 말씀하셨어요.

"오늘은 청년 실업 해소를 위해 대학생 인턴십 제도를 대규모로 운영한다고 발표했더라고요. 현승아, 이런 게 기업이 사회를 이롭게 할 책임

적자 지출이 수입보다 많아서 손해가 생기는 상태.

이 있다는 것을 보여 주는 거야."

그때 아빠가 문득 생각났다는 듯 말했어요.

"삼신전자 주식이 현승이가 살 때보다 조금 올랐어. 이번에 배당금까지 받으면 현승이가 사고 싶은 무선 이어폰 살 수 있을 거야. 내일 주식 팔고, 이어폰 살래?"

옆에 있던 엄마까지 현승이를 부추겼어요.

"우리 현승이가 투자를 잘했네! 그 이어폰 있으면 현승이가 좋아하는 UTS 음악을 생생하게 들을 수 있겠는걸?"

"근데 엄마, 내일 주식을 팔아도 배당금을 받을 수 있어요? 주주 총회 때 배당금 주는 것을 결정한다고 했잖아요."

"배당금을 수는 **배당 기준일**이 있어. 정해진 날짜까지 주식을 가지고 있었다면, 주주 총회 전에 주식을 팔았어도 배당금을 받는 거야. 현승이는 그 기준을 충족했으니까 내일 당장 주식을 팔아도 배당금을 받을 수 있어."

현승이는 안심이 되었어요. 하지만 주식을 팔고, 무선 이어폰을 살지는 조금 더 생각해 보기로 했어요. 특별 배당을 결정한 이후 며칠 동안 삼신전자 주가가 조금 내려갔다고 했거든요.

"내일부터 제가 매일 삼신전자 주가를 확인해 볼게요. 무선 이어폰을 어느 쇼핑몰에서 가장 싸게 파는지도 검색해 보고요."

현승이는 어느새 경제 전문가가 된 것처럼 의젓하게 말했어요. 아빠 엄마는 그런 현승이를 흐뭇하게 바라보셨지요.

주식은 미래와 희망이다

아빠는 정말 열흘 넘게 회사에 가지 않았어요. 현승이는 아빠랑 매일 아침 식사를 함께하고, 학교에서 돌아왔을 때 아빠가 집에 있는 것이 아직은 어색했어요.

토요일 오전, 늦은 아침을 먹을 때였어요. 엄마가 틀어 놓은 라디오에서 아빠 회사의 광고가 흘러나왔어요.

"미세 먼지가 일상이 되어 버린 날들, 답답하시죠? 집 안에 자연 휴양림의 공기를 들여놓으세요. 푸른 숲 공기 청정기와 함께 우리 집이 자연 휴양림으로 변하는 기적을 누리세요!"

그 순간 현승이는 밥을 먹다 말고 벌떡 일어나, 성큼성큼 걸어가 라디오를 꺼 버렸어요. 엄마와 아빠는 현승이의 갑작스러운 행동에 놀라 그저 바라만 보았어요.

"나쁜 회사면서, 착한 척하기는! 아빠 회사 망해 버렸으면 좋겠어."

현승이의 행동을 이해한 아빠는 웃음을 터뜨렸어요.

"그렇다고 그런 말 하면 못쓰지! 한 회사가 망하면 사회적으로 손해가 이만저만이 아니야. 직원들 모두 일자리를 잃고, 연관된 수많은 회사도 덩달아 망하는 건데?"

"아빠 회사는 하천 가꾸기 운동도 하고, 형편이 어려운 어린이를 위한 공부방도 만들어 주는 착한 일을 했잖아요. 그래 놓고 이제 필요 없다고 직원들을 내보내니까 나쁜 회사 맞잖아요."

현승이는 씩씩거리며 말했어요.

"현승이가 그런 것도 알아? 하하하, 그런 활동은 기업이 해야 할 당연한 일이야. 기업은 사회에서 돈을 벌었으니까, 그 돈을 다시 사회를 위해 써야 할 의무가 있거든. 기업이 사회 활동을 하면 소비자들에게 좋은 이미지가 생겨 매출을 높이는 데 도움도 되고."

"아빠 회사 광고 나올 때마다 친구들한테 자랑했는데, 이제 미워할래요."

"하하하, 기업은 제품을 구매하는 소비자, 일하는 노동자 덕분에 존재해. 좋은 기업은 이들을 소중히 여기는 기업이지. 그런 면에서는 아빠 회사가 의무를 다하지 못한 나쁜 기업이 맞을 수도 있네. 주가가 떨어졌으니까 주주들에게도 손해를 입혔고. 주주에게 좋은 기업은 성장하는 기업, 이익을 많이 남겨 주식의 가치를 높여 주는 기업이야."

"그런데 좋은 기업인지, 아닌지 어떻게 알아요? 아빠 회사도 착한 회사인 줄 알았는데, 그렇지 않았잖아요."

현승이의 질문에 아빠는 잠시 고민하더니, 이내 답을 해 주었어요.

"여러 기준이 있겠지만, 그중 한 가지는 사회에 도움이 되고, 생활을 이롭게 하는 새로운 물건이나 기술을 만드냐는 거야. 예를 들어 애플의 아이폰은 스마트폰이라는 새로운 기술로 우리 생활을 완전히 바꾸어 놓았지? 또 뭐가 있을까? 그래, 전기 자동차도 환경 오염을 줄이는 기술로 세상을 이롭게 하잖아. 이런 기업의 주가는 반드시 올라. 현승이도 이런 회사를 찾으면 바로 투자해."

옆에 있던 엄마도 거들었어요.

"주식은 '희망' 같은 거야. 앞으로 좋은 결과가 오기를 기대하며 기다리는 거지. 주식이 희망의 꽃으로 피어나려면 시간이 필요해. 주식으로 단기간에 돈을 벌려고 하기보다는, 기업의 성장을 함께 지켜보렴. 그럼 어느새 주식이 훌쩍 자라 있을 거야."

"좋은 회사의 주식은 반드시 오른다는 희망이요?"

"그래, 맞아! 현승이 제대로 알고 있네!"

엄마는 잠시 말을 멈추고 다시 현승이에게 말씀하셨어요.

"애플이 스마트폰을 개발하기 전까지 큰 어려움을 겪었대. 수없이 실패했으니까. 그때 희망을 가지고 스마트폰이 나오기를 기다려 준 주주는 큰돈을 벌었을 거야. 우리도 당분간 어렵겠지만, 희망이 있으면 견딜 수 있어. 지금 우리 집이 성장 중이라고 생각하자!"

말을 마친 엄마는 다정하게 현승이를 바라보았어요. 아빠에게도 사랑스러운 눈길을 보냈어요.

잠시 후 아빠의 휴대 전화가 울렸어요. 아빠는 베란다 쪽으로 가서 전화를 받았어요.

"본부장님, 토요일 이 시간에 어쩐 일이십니까? 네? 강릉에 영업소가 생긴다고요? 저야 그곳에서라도 계속 근무할 수 있으면 너무 좋지요."

현승이와 엄마는 눈을 마주쳤어요. 갑자기 뭔가 밝은 기운이 몰려오는 것 같았어요. 그 순간 현승이는 망설이던 일을 결정해 버렸어요.

"엄마, 삼신전자 주식 팔지 않을래요. 무선 이어폰도 사지 않을래요. 지금 쓰는 검은색 이어폰 좀 더 쓸게요."

"왜? 새 이어폰 사려고 주식 투자 시작한 거잖아."

"삼신전자는 엄마, 아빠가 말한 좋은 회사 같아요. 좋은 회사의 주식은 반드시 오른다고 하셨잖아요. 그러니까 더 기다려 보려고요. 이번에 받는 배당금은 다시 주식 사는 데 쓸래요. 그럼 제가 가진 주식이 많아져서 희망이 더 크게 자랄 테니까요."

미래 목표 세우기

주식 투자는 단순히 돈을 벌기 위해 하는 것이 아니에요. 경제를 이해하고 꿈을 키우는 활동이지요. 여러분은 어떤 꿈을 꾸고 있나요? 주식 투자를 해서 번 돈으로 무엇을 할 것인지 구체적인 목표를 세워 보세요. 지금부터 현승이와 함께 꿈에 다가가는 목표를 세워 볼까요?

현승이가 좋아하는 것
① UTS 오빠들 동영상 보기, 음악 듣기
② 강아지 달콤이랑 놀기, 산책하기
③ 예쁜 옷 보기, 입어 보기

현승이가 돈을 벌면 하고 싶은 일
① 14세: 최신형 스마트폰 사기
② 17세: 유기견 보호 센터에 매월 기부하기
③ 20세: 이탈리아 밀라노에서 열리는 유명 패션쇼 직접 참석해 보기

내가 좋아하는 것
① _____
② _____
③ _____

내가 돈을 벌면 하고 싶은 일
① _____
② _____
③ _____

주식 거래할 때 알아 두세요

같은 회사의 주식에도 종류가 있다고?

삼성전자를 검색하면 '삼성전자'와 '삼성전자우'가 있어요. '삼성전자'라고 쓰인 주식은 '보통주'예요. 보통주는 일반 회사들이 발행하고 있는 대부분의 일반 주식을 말해요. '삼성전자우'는 '삼성전자 우선주'라는 말이에요. 우선주는 의결권이 없는 주식이에요. 이 주식을 가진 사람들은 주주 총회에 올라온 안건에 찬성, 반대할 투표권이 없어요.

좋은 회사 찾는 방법

주식을 사는 것은 그 회사의 일부분을 사는 거예요. 당연히 좋은 회사의 주식을 사야 하지요! 그렇다면 좋은 회사는 어떻게 골라야 할까요? 기업 실적이 좋아야 하는 것은 기본이에요. 앞선 기술을 가지고 있거나, 경쟁사가 쉽게 따라 하지 못할 제품을 개발하는 회사가 있으면 투자하세요. 그리고 좋은 생각을 하는 '착한 기업'인지 살펴보세요. 사회를 이롭게 하는 착한 회사의 주식은 반드시 오르거든요. 그럼 지금부터 좋은 회사를 찾는 방법을 구체적으로 알아볼까요?

① 경영진을 보세요

회사 설립자, CEO를 비롯한 경영진은 회사에서 가장 중요한 결정을 하는 사람들이에요. 그들은 뛰어난 경영 능력을 갖춰야 하는 것은 기본이고, 높은 도덕성을 지녀야 해요. 그들이 고객, 주주, 직원을 어떻게 대하는지를 보면 기업의 미래가 보여요.

② 경영진이 주식을 얼마나 가졌는지 확인해요

경영진이 주식을 꾸준히 사들인다면, 그 회사는 주식 가치가 높아질 가능성이 커요. 반대로 경영진이 주식을 대량으로 팔아 버린다면 미래에 희망이 없다는 신호이며, 그 회사의 주가 전망도 좋지 않다는 뜻이에요.

③ 기업의 신사업을 점검해요

기업은 늘 성장을 추구해요. 그 기업이 가장 잘하는 일로 새로운 사업을 하겠다고 한다면 믿고 투자하세요. 물을 깨끗하게 하는 정수기 회사가 공기를 깨끗하게 거르는 공기 청정기를 만든다면 믿음직스러워요. 하지만 근거 없는 사업을 시작하면 의심하세요. 신발을 잘 만드는 회사가 갑자기 냉장고를 만들겠다고 하면 신뢰할 수 있을까요? 아마 새로운 사업에 돈이 들어가 한동안 이익이 떨어질 거예요. 주가도 떨어질 확률이 높아요.

주식회사는 1년에 한 번 주주 총회를 열어야 해요

주식회사는 일정 기간 발생한 수입과 지출을 계산해 서류로 작성하는 '결산'을 해요. 3개월 단위로 결산을 하고, 이를 합쳐 1년 동안의 결산 자료를 만들어요. 이것을 주주 앞에서 설명하고 승인받는 자리가 바로 '정기 주주 총회'예요. 많은 회사가 12월에 결산하고, 이듬해 3월에 정기 주주 총회를 열어요. 결산한 날로부터 3개월 이내에 정기 주주 총회를 열어야 하는 규정이 있거든요.

긴급한 일이 생기면 언제든 '임시 주주 총회'를 열 수 있어요. 현승이가 받았던 편지는 임시 주주 총회를 알리는 내용이었어요.

주주 총회를 열 때는 2주 전에 회의 목적을 적은 통지서를 주주들에게 발송해요. 주식 수가 적은 주주들에게는 개별적으로 연락하지 않고 한국 거래소에 공고문을 올리는 것으로 대신할 수 있어요. 주주가 직접 참석하기 어려울 때는 위임장을 가진 대리인이 참석하는 것도 가능해요.

기업은 이익이 생기면 '배당'을 해요

기업이 일정 기간 영업 활동을 해서 벌어들인 수익금 중 일부를 주주들에게 나누어 주는 것을 '배당'이라고 해요. 주주는 기업의 일부를 소유한 사람이므로 기업의 이익을 나누어 갖는 거예요. 배당은 1년에 한 번인 경우가 많고, 1년에 네 번을 하는 회사도 있어요. 특별 배당은 회사가 예상보다 큰 이익을 얻은 아주 특별한 경우에만 주는 배당금이에요.

이익을 많이 내는 회사일수록 배당금이 많아요. 작년에 배당을 많이 했더라도 올해 실적이 나빠졌다면 배당금이 낮아지거나, 없을 수 있어요. 배당을 받으려면 회사가 정한 '배당 기준일'에 주식을 가지고 있어야 해요. 1년에 한 번 배당하는 경우 배당 기준일은 매년 주식 시장이 문을 여는 마지막 날이에요. 주식 시장이 문을 여는 마지막 날은 보통 12월 30일이에요. 이 날짜에 주식을 가지고 있어야 배당을 받아요. 단, 주식은 주문한 이틀 뒤에 주식을 가진 상태가 되니까 12월 28일에는 주식을 사야 배당금을 받을 수 있어요. 만약 가지고 있던 주식을 12월 28일에 팔았다면, 12월 30일에는 소유하지 않은 상태이기 때문에 배당을 받을 수 없어요.

배당 기준일 다음 날은 주가가 내려가요

1년에 한 번 배당하고, 12월에 결산하는 기업은 이듬해 2월쯤 배당을 발표해요. 3월에 정기 주주 총회를 열어 배당을 의결하고요. 실제 주주 손에 돈이 들어오는 것은 4월 정도예요.

배당을 받기 위해 주식을 사는 마지막 날짜가 12월 28일이라면, 12월 29일 이후에는 아무리 주식을 많이 사도 배당을 받을 수 없어요. 배당에 대한 기대가 없어진 이때는 주식을 사려는 사람이 적기 때문에 일시적으로 주가가 내려가요. 마치 쌀 수확을 끝낸 텅 빈 논 같다고 할까요? 더 거둘 쌀이 없으니 새로운 농사를 기약하며, 매수를 미루는 거예요.

배당금을 기대하고 주식을 샀다고요?

사실 기업이 이익을 주주들에게 나누어 주는 것은 너무나 당연한 일이랍니다. 미국은 오래전부터 배당이 문화로 자리 잡았어요. 주식을 샀다, 팔았다 하지 않고 오래 가지고 있으면서 매년 배당금을 받는 거예요. 이렇게 하면 주식이 단기간에 오르내리는 것에 크게 신경 쓰지 않아도 돼요. 회사가 이익이 발생하면 꾸준히 배당금을 받을 수 있으니까요.

반면 우리나라 주식 투자자들은 배당보다 주식이 올라 생기는 시세 차익에 더 관심이 많았어요. 주식이 오르면 얼른 팔아야 한다고 생각했지요. 그러다 보니 배당금을 주는 문화가 아직은 제대로 자리 잡지 못했어요.

요즘은 우리나라도 배당의 중요성이 점점 커지고 있어요. 은행에 돈을 맡기면 예금 이자가 1~2퍼센트 남짓인데, 한국 거래소의 발표에 따르면 보통주 주식 배당률은 2020년까지 3년 연속 2퍼센트를 기록했어요. 배당률이 높은 주식은 5~6퍼센트나 되는 것도 있지요. 이 정도면 주가가 오르지 않는다고 가정해도, 꽤 괜찮은 투자예요.

배당금을 생각하고 주식 투자를 한다면 그 회사의 실적을 꼼꼼하게 살펴야 해요. 이익이 많이 나는 회사여야 배당을 받을 수 있으니까요. 주식을 사기 전에 최근 3년간 꾸준히 배당했는지도 꼭 확인해 보세요.

주식 투자로 이익이 생기면 세금을 내야 해요

주식 투자로 얻는 이익은 '소득'이기 때문에 세금을 낼 의무가 생겨요. 우선, 2021년 코스닥 기준으로 주식을 팔면 매도한 금액의 0.23퍼센트를 '증권 거래세'로 내요. 예를 들어 북금곰주식회사의 주주가 2만 원어치의 주식을 만 원의 이득을 보고 팔았다면, 3만 원에 대한 세금 69원을 내야 하지요. 하지만 증권 거래세가 너무 많다는 투자자들의 의견을 받아들여 정부는 이 세금의 비율을 점차 줄여 가고 있어요.

배당금을 받아도 세금이 있어요. 국내 주식을 보유하여 배당금을 받으면 15.4퍼센트(배당금 2천만 원 이하)의 배당 소득세를 내요. 예를 들어 북극곰주식회사의 주주가 배당금으로 10만 원을 받았다면, 15.4퍼센트인 1만 5천4백 원을 제외한 나머지 8만 4천6백 원을 받는 거예요.

이 같은 세금은 증권 회사에서 먼저 뗀 후 나머지를 입금해 주기 때문에 따로 신고할 필요는 없어요.

기업은 우리 곁에 있어요

기업은 책, 가방, 옷, 냉장고, 스마트폰, 자동차 등 우리가 사용하는 물건이나, 보험, 택배처럼 생활을 더 편리하게 해 주는 서비스를 팔아 돈을 벌어요. 그럼 그 돈을 어디에 사용할까요? 우선 일을 한 노동자들에게 임금으로 주어요. 각 가정에서는 이 돈으로 생활을 해요. 제품을 만드는 데 필요한 기술이나 물건을 제공한 협력 업체에도 대가를 지불해요. 협력 업체는 그 돈으로 다시 직원들 월급을 주고요.

기업은 벌어들인 돈을 새로운 기술을 개발하고, 더 좋은 물건을 만드는 데

써요. 돈을 투자한 주주들에게는 배당금을 주어 경제적 이익을 나누어요. 국가에 세금도 내지요. 국가는 이 세금을 국민의 안전과 행복을 위해 사용해요.

기업은 우리 사회에서 너무나 중요한 역할을 하고 있어요. 기업이 성장하면 일자리가 많아지고, 국가에 내는 세금이 늘어요. 수출이 증가하고, 국가 경제를 발전시켜요. 기업의 발전은 국민의 생활, 국가 경제와 맞닿아 있어요. 기업이 경영을 제대로 하지 못하면, 기업뿐만 아니라 사회 전체에 엄청난 피해를 줘요.

기업은 홀로 발전할 수 없어요. 기업에서 일하는 사람, 기업에서 만든 물건을 사는 사람, 지역 사회, 다른 기업들의 도움을 받아 성장해요. 기업은 그에 대한 보답으로 지역에 도서관이나 미술관을 세우고, 어려운 사람을 돕고, 환경 보호 활동을 하는 등 사회적 책임 활동을 해요.

오래된 주식에서는 '복리'의 마법이 펼쳐져요

워런 버핏은 세계적인 부자이자, 투자자예요. 스물한 살 때 그의 재산은 2만 달러 정도였대요. 이 돈이 스물여섯 살 때 14만 달러로 늘었어요. 서른아홉 살에는 25만 달러, 쉰 살에는 37억 6천 달러로 불어났고요. 여든세 살에는 585억 달러였지요. 현재 환율을 적용해 우리나라 돈으로 환산하면 69조가 넘는 큰돈이에요. 2021년 기준으로는 재산이 1,000억 달러가 넘는다고 해요. 우리나라 돈으로는 100조가 넘는 큰 액수이지요.

그는 재산 대부분을 주식 투자로 늘렸어요. 비결이 뭐냐고요? 바로 '복리'라는 마법이에요. 돈을 맡기고 받는 이자에는 '단리' 방식이 있어요. 주로 은행에서 이자를 계산할 때 쓰는데, 원금에 이자를 더하는 방식이에요. 예를 들어

1천만 원을 연 10퍼센트 이자로 3년간 예금했다고 생각해 봐요. 그럼 1천만 원×10퍼센트=100만 원, 이것을 세 번 하니까, 원금 1천만 원에 3년간의 이자 300만 원을 더해 총 1천300만 원을 받아요.

그럼 똑같이 원금 1천만 원을 연 10퍼센트 복리 이자로 계산해 볼까요? 복리는 이자에도 이자가 붙는 방식이에요. 첫해는 원금 1천만 원×10퍼센트=100만 원으로 이자가 같아요. 두 번째 해는 원금이 1천100만 원이니까 계산하면 1천100백만 원×10퍼센트=110만 원이에요. 세 번째 해는 1천210만 원×10퍼센트=121만 원이에요. 복리 이자를 받았을 때는 원금 1천만 원에 이자가 331만 원 붙어, 총금액이 1천331만 원이에요. 어때요? 단순히 계산해도 복리 이자가 높지요?

주식은 복리로 움직여요. 1만 원짜리 주식 열 주를 샀어요. 첫날 10퍼센트 올랐다면 10만 원이었던 주식 가치가 11만 원이 돼요. 그다음 날도 10퍼센트가 올랐어요. 그럼 11만원×10퍼센트=12만 1천 원으로 늘어요. 물론 주가가 하락할 때도 복리 방식이에요. 똑같은 조건으로 주식을 샀는데 첫날 10퍼센트가 내렸다면 9만 원, 다음 날도 10퍼센트가 내리면 8만 1천 원이 되는 거예요.

주식 투자를 통해 복리의 마법을 누리려면 장기 투자를 해야 해요. 조금 올랐다

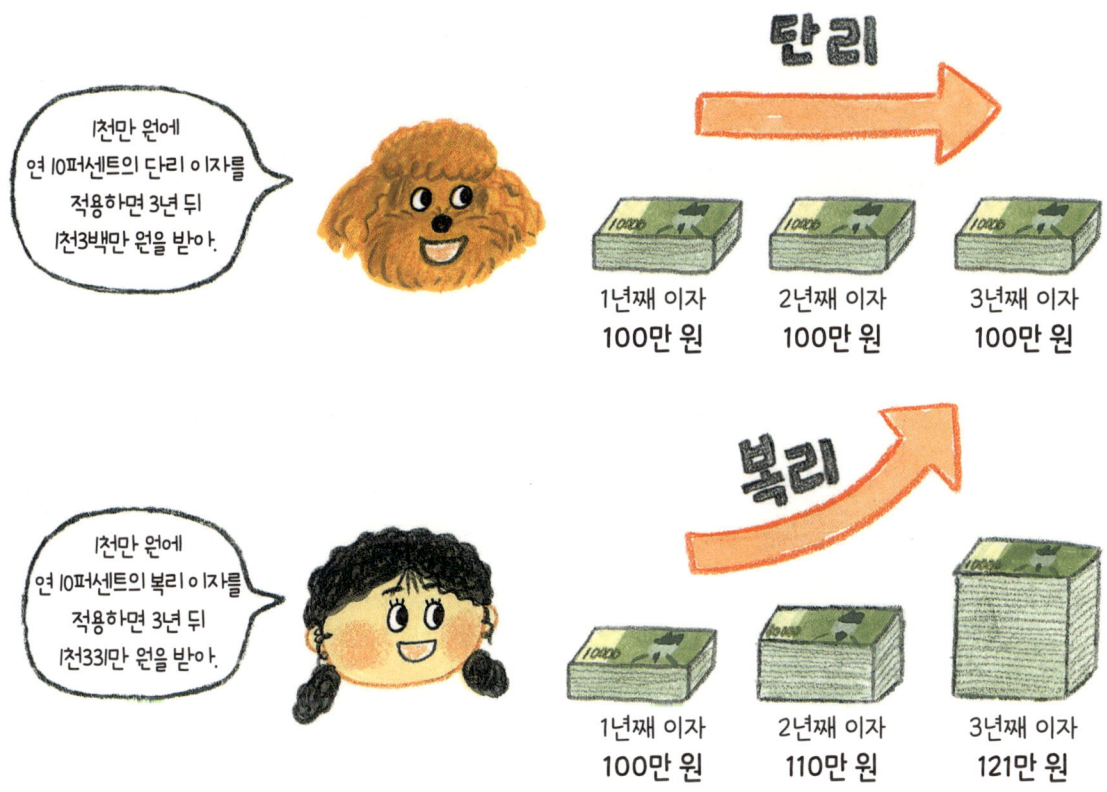

고 주식을 팔아 버리면 복리의 혜택을 받을 수 없어요. 복리식으로 계산하면 기간이 오래될수록 원금이 기하급수적으로 늘거든요. 워런 버핏은 어떤 주식이든 10년 이상 보유해 지금의 엄청난 재산을 일구었대요.

그럼 주가가 계속 내리면 복리식으로 떨어질 텐데 어떻게 하냐고요? 물론 그러지 않을 좋은 기업을 선택해야지요. 주가는 계속 오르거나, 계속 내리기만 하지 않아요. 올라가고 내려가기를 끊임없이 반복해요. 정말 좋은 기업은 시간이 지날수록 가치가 커지니까 주가도 반드시 올라요. 그러니 여유 자금으로 꾸준히 주식을 사 모으고, 그 기업의 성장을 지켜보세요. 오래도록 보유한다면 만족할 만한 이익을 얻을 가능성이 그만큼 커질 거예요.

⭐ **에필로그: 나의 가치를 높이는 방법** ⭐

여러분은 무한한 가치를 지닌 성장주예요

앞에서 주식 중에 '성장주'가 있다고 했던 말, 기억해요? 현재의 기업 실적은 만족스럽지 않지만, 앞으로 매출과 이익이 크게 성장할 것으로 기대되는 기업의 주식이요.

사람으로 치면 '성장주'는 어린이, 학생이에요. 현재보다 미래에 가치가 커질 것이 확실한 사람이요. 성장주인 여러분이 진짜 빛나는 가치를 지닌 사람으로 성장하기 위해서는 해야 할 일이 있어요.

첫째, 좋아하는 일에 시간을 써요

시간은 무한한 자원이라고요? 그렇지 않아요. 지나간 시간은 돌아오지 않아요. 앞으로의 시간을 어떻게 쓰느냐에 따라 여러분의 미래 가치는 달라져요. 공부, 운동, 악기, 춤, 요리, 그림 등 무엇이든 자기가 좋아하는 일을 정하고 꾸준히 시간을 쓰세요. 공부는 하기 싫다고요? 음, 그렇다면 좋아하는 공부부터 해 보면 어때요? 주식에 관심 있

으면 돈을 공부하고, 축구를 좋아하면 축구 선수를 연구하는 거예요. 그 시간이 모여 어느 순간 값진 지식, 높은 기술로 변해 여러분을 빛내 줄 거예요.

둘째, 지식이나 기술을 높이는 데 돈을 써요

지식을 얻거나, 기술을 익히는 데 필요한 돈은 써야 해요. 자신의 가치를 높이는 가장 빠른 길이거든요. 유명 브랜드의 운동화를 신고, 비싼 스마트폰을 가지고 있다고 사람의 가치가 높아지는 것이 아니에요. 그런 것은 유행이 지나고 시간이 흐르면 가치가 떨어져요. 반면, 머리에 들어 있는 지식과 몸에 밴 기술은 시간이 지나도 사라지지 않아요. 책을 읽고, 강의를 듣고, 연습에 필요한 물건을 사는 데는 돈을 아끼지 말아요.

셋째, 어려운 사람을 돕는 데에 마음을 써요

돈은 버는 것도 중요하지만, 잘 쓰는 것이 더 중요해요. 워런 버핏, 빌 게이츠가 존경받는 이유는 그들이 재산 대부분을 사회에 기부했기 때문이에요. 어려운 사람을 돕는 데에 돈을 쓰는 것은 여러분의 가치를 높이는 일이에요. 아직 어린이라 돈이 없다고요? 그럼 부모님과 상의해서 재활용품 분리수거를 하거나, 신발 정리, 설거지를 해서 돈을 벌어 보세요. 그 돈으로 어려운 이웃을 돕는 거지요. 쓰지 않는 장난감, 작아진 옷을 재활용품 가게에 보내는 것도 좋은 기부 방법이랍니다.